문화문해교육 시리즈 2

영유아 문화문해교육의 적용

- 희망의 불꽃, 의좋은 형제, 오즈의 마법사 -

안소영 · 최수경 · 최윤정 공저

학지사

머리말

'아동중심, 홍미중심, 놀이중심, 몰입, 통합교육……'

유아교육을 공부하는 동안 수없이 듣고 보았던 단어들이다. 그리고 문화문해교육 교사연수에서 우리가 가장 많이 사용했던 단어이기도 하다. 자주 접하고 많이 들었기 때문에 우리는 당연히 그것을 잘 알고 잘 해내고 있다고 생각했다. 그러나 그것은 우리의 착각이었음을 깨달았다. 매일 수없이 다양한 상황이 눈앞에 펼쳐지는 교육 현장에서 이미 알고 있다고 생각했던 익숙한 이 단어들을 우리는 과연 제대로 이해하고 실행하고 있었던 것일까? 2002년 저자들의 만남 이후 유아교육 현장을 넘나들면서 이러한 의문은 더욱 깊어졌고, 해결 방법을 찾기 위해 고민하고 노력하였다. 그리고 이제 그 노력의 결과를 문화문해교육 시리즈 1권『영유아 문화문해교육의 이해』와 2권『영유아 문화문해교육의 적용』이라는 두 권의 책에 담아 출간한다. 1권에서는 문화문해교육의 필요성, 개념, 교육 방법을 전달 · 소개하고, 2권에서는 문화문해 프로그램의 구체적인 적용 사례를 소개하였다.

유치원과 어린이집 교사 시절, 우리는 나름대로 유아교육과 보육의 핵심 가치인 유아의 흥미와 관심을 존중하면서 놀이중심 · 통합 교육과정을 운영하는 교사라고 자부하였다. 그러나 급변하는 시대의 흐름 속에서 지능정보사회라 불리는 제4차 산업혁명시대를 맞이하면서 우리가 실천했던 교육의 방향이 과연 제대로 가고 있는 것인지 의문이 들기 시작했다. '그저 많이 알고…… 알고…… 또 알게 하는 것이 교육의 목표였던가?' '진정한 교육의 목적은 무엇일까?' '느끼고 공감하고 이해하는 교육은 어떻게 하는 것일까?' 기존 교육을 되돌아보면서 우리의 질문과 고민은 끝없이 이어졌다.

2007년, 연구자들은 많은 고민거리를 안고 이스라엘로 떠났다. 이스라엘 연수센터에서 '인지 · 감성적 예술교육'을 접하는 동안, 이제까지 우리가 언급해 본 적 없는 '상징(symbol)'과 '의미(meaning)'라는 단어를 가장 많이 들었다. 그리고 이 세상은 모양, 숫자, 색 등으로 표현된 상징으로 가득 차 있으며, 각각 나름대로의 의미를 가지고 있다는 것을 알게 되었다. 그 이후 우리는 주변을 보다 자세히 살펴보면서 그 의미를 찾아내고 나름대로 새로운 의미를 부여하고자 하였다. 그 결과, 일상적인 것들을 다른 시각으로 보게 되었고, 세상의 모든 존재에는 나름대로의 의미와 존재 가치가 있음을 깨닫게 되었다. 이러한 경험으로 우리는 세상 모든 것의 소중함과 삶의 아름다움을 마음 깊이 느낄 수 있었다. 동시에 '이런 경험이 바로 교육이 아닐까?' '지금까지 우리 아이들은 교육을 통해 무엇을 느끼고 알아 갔을까?' '아이들은 과연 재미와 흥미를 느꼈을까?' '아이들에게 더 많은 기회와 시간을 줄 수는 없었을까?'와 같은 질문들이 우리 마음 가득히 피어오르기 시작했다. 이처럼 이스라엘에서의 경험은 우리 모두에게 '지식중심'의 교육 현실을 되돌아보게 하였고, 더 넓은 맥락에서 새로운 안목으로 교육을 생각하는 계기가 되었다.

이에 대한 답을 찾는 과정은 마치 어둡고 긴 터널을 지나는 것 같았다. 드디어 터널을 빠져나와 환한 빛을 만나는가 싶으면 곧 다시 터널이 나오고 또 빠져나오기를 반복하며 오랜 시간을 보냈다. 그러던 중 우리는 '감성은 감각으로부터 시작'되고, 그 중심에는 '이야기'가 자리하고 있음을 알게 되었다. 그리고 끊임없이 이야기 속에서 놀이하고, 또 새로운 이야기를 만들어 내고, 신나게 이야기를 즐기는 유아들의 모습이 눈에 들어오기 시작했다. 우리가 그토록 찾아 헤매던 바로 그것이었다. 유아들은 늘 이야기 속에서 살아가고 있었다. 이야기 속에서 등장인물이 되어 놀이하였고, 그 인물의 생각과 감정을 표현하면서 타인의 마음을 이해하고 공감하였다. 이뿐만 아니라 풍부한 상상력으로 새로운 이야기를 끊임없이 만들어 나갔다. 이것이 우리가 꿈꾸던 아이들의 '네버랜드'였다. 질 높은 문화예술작품은 우리 아이들의 '네버랜드'가 되어 주었고, 그 속에서 나눔과 배려, 지혜, 용기, 사랑 등과 같은 삶의 가치와 의미를 느끼고 배워 갔다.

이제 우리 교실에서는 교사가 유아들을 모아 놓고 주의집중시키며 가르치지 않아도 되었고, 교사가 일방적으로 준비한 자료를 의미 없이 제공하지 않아도 되었다. 문화예술작품을 감상하고 즐기고 놀이하는 동안 유아들은 스스로 궁금한 것을 탐구하며 이야기 속으로 빠져들어 갔다. 유아들은 진정한 감정이입과 몰입의 황홀경을 즐겼다. 배움이 점차 깊어지면서 유아들은 '문화예술작품 속 이야기'와 '현실 세계'를 자연스럽게 연결하였고, 이야기 속의 삶을 자신의 일상에서 실천하였다. 어느새 유아들은 자신의 삶을 더욱 아름답고 의미 있게 만들어 나가고 있었다. 이것이 바로 문화예술작품의 힘이며, 동시에 문화예술작품을 즐기는 유아들의 힘이다. 문화예술작품의 이야기 속에서 유아들이 직접 그 대상이 되어 몸으로 생각하고 느낄 수 있는 충분한 시간과 공간이 주어진다면 강력한 힘이 발휘될 수 있다. 그리고 함께 이야기를 즐기는 교사의 세심한 관찰과 지원으로 더할 나위 없는 꿈과 희망의 '네버랜드'가 눈앞에 펼쳐졌다. 그동안 우리가 꿈꾸었던 네버랜드를 확인하기 위해 우리는 많은 시간을 아낌없이 투자하였고, 이제 그 보람을 느낀다.

이 책에 소개한 '희망의 불꽃' 프로그램, '의좋은 형제' 프로그램, '오즈의 마법사' 프로그램은 문화문해교육이 적용된 사례들이다. 10여 년간 시행착오를 거치며 반복적으로 적용하면서 이 프로그램을 다듬고 정리하며 체계화하여 이 책을 출간하게 되었다. 그러나 출간을 앞두고 부족함과 아쉬움이 있고, 걱정도 된다. '혹시나 현장의 교사들이 마치 지침서처럼 이 내용을 그대로 따라 하는 것은 아닐까?' '이것이 문화문해교육의 전부라고 여기지는 않을까?' '잘못 이해하고 사용하게 되면 교사와 아이들에게 또 다른 짐이 되지는 않을까?' 등 많은 고민과 갈등을 뒤로하고 사례를 펼쳐 놓기로 했다. 끊임없이 교육을 개선하고 의미 있는 교육을 실천하려 하는 교사들이 많이 있으며, 그들의 힘을 믿기 때문이다. 문화문해 프로그램은 1권에서 밝힌 바 있듯이 유아중심, 놀이중심, 실행중심 통합교육으로 진행된다. 특정한 절차나 정해진 방법이 있는 것도 아니다. 프로그램이 진행되는 교실과 상황, 그곳에 있는 유아들과 교사에 의해 만들어지는 '우리만의 네버랜드'이다. 따라서 이 책에서 소개하는 내용을 참고하여 '우리 교실의 문화문해 이야기'를 흥미롭게 펼쳐 나가기를 기대한다.

'문화문해 프로그램에서 교사의 역할은 무엇인가?' 교사연수 과정에서 우리가 가장 많이 받은 질문 중 하나이다. 그때마다 우리는 이렇게 대답한다. "유아들에게 무엇을 줄 것인지보다는 유아가 무엇을 하고 싶어 하는지를 먼저 생각해 보세요."라고 말이다. 이는 교사연수 시 우리 스스로가 실천하고자 노력했던 점이다. 우리가 교사에게 무엇을 가르쳐 주기보다는 교사들이 무엇을 원하는지를 먼저 생각했다. 교사에게 일방적으로 정보를 제공하기보다는 교사 스스로 반성적으로 생각하며 어려움을 헤쳐 나갈 수 있도록 함께 고민하면서 감성적으로 접근하였다. 교사들도 아이들의 힘을 믿고, 스스로 마음껏 상상하며 놀이할 수 있기를 기대하며 지원했다.

그들은 문화문해 프로그램을 통해 '감동을 주는 교사'가 되어 가고 있었다. 문화문해 프로그램을 실천하고자 하는 교사들에게 바란다. 유아를 세심하게 관찰하고, 호기심을 갖도록 동기유발해 주고, 몰입하고 집중할 수 있도록 충분한 시간과 공간적 여유를 제공하고, 무엇보다도 놀이를 함께 즐기는 교사가 되기를…….

1권의 머리말에서 밝혔듯이, 모교의 은사님들, 대학의 선후배와 동료교수님들, 책과 강연으로 만난 각계의 전문가들, 그리고 영유아 교육현장의 원장, 교사, 유아, 학부모, 지역사회와의 만남과 소통은 저자들에게 큰 힘이 되었다. 여러분께 진심으로 머리 숙여 감사의 마음을 전한다. 또한 이 책의 출간을 허락해 주신 학지사의 김진환 대표님, 최임배 부사장님, 그리고 오랜 기간의 기다림과 수차례에 걸친 까다로운 교정 작업을 기꺼이 맡아 주신 여러 직원분께 감사드린다.

이제 이 책의 출간과 함께 만나게 될 독자를 생각하면 우리의 말과 글의 책임을 느끼나, 소통과 교류를 통해 더 깊고 넓은 배움으로 나아가기를 기대한다.

2019년 3월
저자 일동

차례

제1장

'희망의 불꽃' 프로그램

1. 〈희망의 불꽃〉 분석하기
2. '희망의 불꽃' 프로그램 실행하기
3. '희망의 불꽃' 프로그램 적용 후기

1. <희망의 불꽃> 분석하기

작품 〈희망의 불꽃〉은 《판타지아 2000》에 수록된 8개의 애니메이션 작품 중 하나이다. 클래식 음악과 시각 이미지의 환상적인 만남으로 이루어진 《판타지아 2000》은 그간 귀로만 듣던 음악에 풍부한 상상력을 더하여 아름다운 이미지와 이야기를 함께 즐길 수 있도록 제작된 애니메이션이다. 그중 8번째 작품 〈희망의 불꽃〉은 이고르 스트라빈스키(Igor Stravinsky)의 〈불새연작(1919년 버전)〉 선율에 따라 생명이 탄생하고 소멸하며 다시 부활하는 자연의 순환을 아름다운 시각 이미지로 표현하고 있다. 소리와 이미지로 전달되는 〈희망의 불꽃〉은 단순히 보고 즐기는 애니메이션에 그치지 않고 자연의 순환 속에서 사랑과 희망을 전하는 이야기를 담고 있어 사람들에게 감동을 안겨 주고 있다.

1) 문화예술 교육매체의 질 기준 적용하기

수많은 애니메이션 중에서 왜 〈희망의 불꽃〉이 문화예술 교육매체로 선정되었을까요?
작품 선정의 기준을 살펴보세요.

〈희망의 불꽃〉 작품의 유아 문화문해교육 적용 가능성을 문화예술 교육매체의 문학성, 예술성, 교육성의 질 기준에서 세부적으로 분석해 보면 〈표 1-1〉과 같다.

〈표 1-1〉 문화예술 교육매체의 질 기준 적용

특성	질 기준	적용
문학성	• 좋은 이야기로 이루어져 있는가? - 이야기 원형의 아름다움, 시대, 인종, 문화를 초월한 보편적 진리 등 - 인물, 사건, 배경, 구성 등	- 사랑과 희망이라는 보편적 가치를 지니고 있고, 이성과 감성을 동시에 자극하며 시대와 문화를 초월하는 아름다움이 담겨 있다.

	- 이야기 구성의 단순성, 명확성, 안정성 등 - 짜임새 있는 구조 등 - 내러티브 특성의 연속성, 관계성, 변화성 등 - 우의성(어떤 의미를 직접 말하지 않고 빗대어 넌지시 비춤)	- 주제, 인물, 사건, 배경으로 구성된 이야기이다. 이야기가 단순하고 명확하며 기승전결의 안정된 구성을 갖추고 있다. - 자연의 변화에 따른 이야기가 짜임새 있게 구성되어 있다.
예술성	• 시각 · 공간 이미지가 아름답고 조화로운가? - 시각 이미지(점, 선, 면, 형, 색, 질감, 공간, 여백 등) - 조화(균형, 강조, 비례, 움직임, 리듬, 반복, 패턴, 조화와 통일 등) • 음악의 조화와 균형이 있는가? - 소리, 음, 리듬(박자, 장단, 악센트, 박자, 리듬패턴), 멜로디(고저, 음의 흐름), 하모니, 음색, 형식(반복, 변형, 대조), 조직(단성, 화성, 다성), 표현요소(빠르기, 셈여림) - 조화(균형, 강조, 비례, 움직임, 리듬, 반복, 패턴, 조화와 통일 등)	- 시각 이미지 요소인 선/형, 색, 공간이 조화와 균형을 이룬다. - 음악의 요소인 리듬, 멜로디, 하모니, 표현요소가 조화를 이룬다. - 시각 이미지와 음악이 서로 조화를 이루어 예술성이 돋보이는 작품이다.
교육성	• 영유아의 발달에 적합한 내용인가? - 영유아의 연령에 적합한 이야기의 길이, 주제 및 구조의 복잡성 정도 등 - 영유아가 일상에서 경험할 수 있는 친숙한 소재, 공감, 동일시 등 • 영유아가 재미있어하는가? - 상상을 유발하는 신선한 이야기가 담긴 상상, 판타지, 모험 등의 이야기 등 - 영유아 개인의 흥미와 관심사에 적합한 재미, 몰입, 즐거움, 동기화 등 • 영유아에게 긍정적 영향을 주는 가치가 있는 것인가? - 다양한 생활소재를 반영한 문화 이해 및 수용의 포함 등 - 바른 생각, 가치관, 분별력, 세계관 등 - 가치 있는 주제 등 - 상상력과 창의적 사고의 자극 등 - 직접 경험의 촉진, 간접 경험의 효과 등 - 고정관념 탈피 등 - 보편적 가치와 감성과 관련한 자유, 존중, 공감, 헌신, 성장, 사랑, 희망 등 - 국가 영유아 교육과정의 목적 및 목표와의 연계 등	- 7분 정도의 짧은 이야기로 자연의 순환을 일관되게 전개하여 3~5세 유아들이 이해할 수 있는 수준이다. - 자연, 사랑과 희망 등 유아의 일상생활과 연계되는 주제이므로 공감하고 동일시할 수 있는 가능성이 높다. - 상상, 판타지 등의 이야기를 즐기는 유아의 정신세계를 반영하고 있고, 유아의 흥미와 관심사에 적합하여 재미있고 즐겁게 몰입할 수 있는 작품이다. - 시각 이미지와 음악으로 의미를 전달하는 애니메이션으로서 상상력과 창의적 사고를 자극한다. - 작품 속의 자연은 유아를 둘러싼 환경과 연계되어 탄생과 소멸, 재탄생하는 자연의 변화에 관심을 가지고 사랑과 희망을 삶에서 실천할 수 있는 계기를 마련할 수 있어서 교육적 가치가 높다. - 자연의 순환과 아름다움, 사랑과 희망의 가치를 담고 있는 작품으로 국가수준 교 · 보육 과정의 목적 및 목표와 연계된다.

2) 상징 분석하기

〈희망의 불꽃〉은 우리에게 어떤 삶의 가치와 의미를 전하고 있을까요?

(1) 등장인물 및 줄거리

〈희망의 불꽃〉은 [그림 1-1]과 같이 숲을 배경으로 물요정과 불화산,[1] 사슴, 꽃과 나무, 곤충 등 여러 동식물이 등장하는 애니메이션이다.

물요정 불화산 사슴

[그림 1-1] 〈희망의 불꽃〉의 주요 등장인물

〈희망의 불꽃〉의 줄거리를 기-승-전-결의 이야기 흐름으로 살펴보면 [그림 1-2]와 같다.

> 추운 겨울. 눈 쌓인 숲 속을 사슴이 조용히 걸어와 동굴로 들어간다. 사슴이 동굴의 얼음을 향해 입김을 불자 물요정이 태어나고, 물요정은 숲 속을 날아다니며 식물을 자라게 하여 눈 덮인 하얀 숲 속을 초록으로 물들인다. 그러던 중 산 정상으로 올라갈수록 식물이 자라지 않는 것을 이상하게 여겨 산의 분화구로 들어가고, 화산을 깨우게 된다. 불화산은 용암으로 바뀌어 숲 속을 모두 태워 버리고, 물요정도 위협하여 삼켜 버린다. 모두 불에 타서 재만 남아 있는 숲 속에 사

1) 작품에는 각 인물의 이름이 드러나지 않는다. 여기에서 제시되는 주요 인물의 명칭은 유아들이 작품을 감상하면서 지은 이름 중 하나를 선택하여 제시하였다.

슴이 걸어와 재를 향해 입김을 불자, 잿더미 속에서 물요정이 다시 태어난다. 물요정은 재만 남은 숲을 보면서 절망에 빠져 눈물을 흘린다. 그런데 그 눈물이 땅에 떨어지자 땅에서 초록빛 싹이 돋아나고, 그것을 본 물요정은 다시 힘을 내 온 숲 속을 날아다니며 물을 뿌려 울창한 숲을 만든다. 이번에는 산 정상까지도 모두 식물로 덮어 버리고, 이 모습을 사슴이 멀리서 지켜본다.

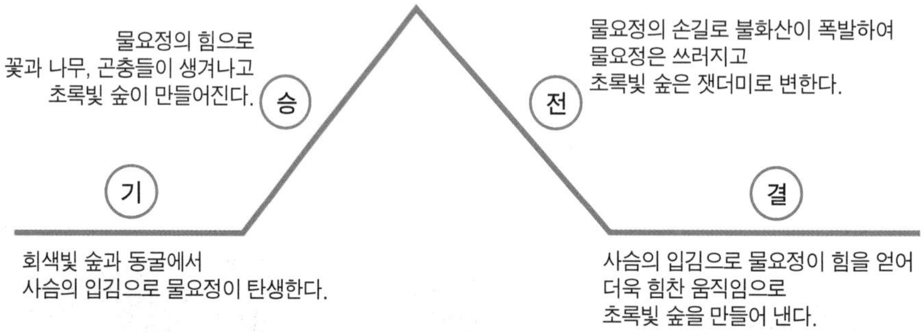

[그림 1-2] <희망의 불꽃> 이야기의 흐름

(2) 상징 분석

〈희망의 불꽃〉은 [그림 1-3]과 같이 물요정과 불화산, 사슴을 주요 등장인물로 하여 이야기의 흐름에 따라 색과 음악이 조화를 이루며 이야기의 의미를 전하고 있다.

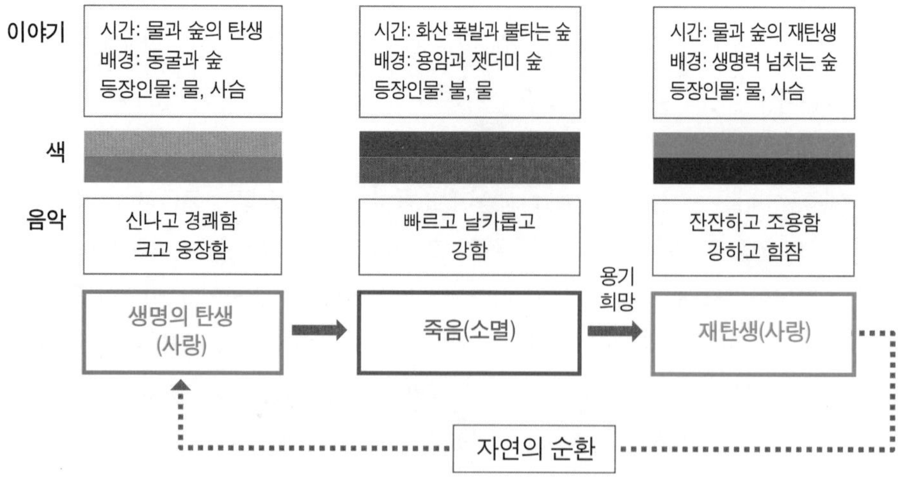

[그림 1-3] <희망의 불꽃> 상징 분석

[그림 1-3]에서 보는 바와 같이, 작품 〈희망의 불꽃〉은 생명의 탄생과 소멸, 그리고 재탄생으로 순환되는 자연의 섭리를 담고 있고, 등장인물과 색, 음악의 변화를 통해 상징성을 드러내고 있다. 사슴의 입김과 숨결, 물요정의 손길과 눈물은 사랑과 관심으로부터 비롯되고 있으며, 절망 속에서도 좌절하지 않고 부활할 수 있었던 힘은 용기와 희망에서 생겨나고 있다.

① 사랑과 관심

회색빛 숲 속에서 어떻게 생명이 탄생하고 성장하였을까요?

〈희망의 불꽃〉에는 생명을 탄생시키는 인물로 사슴과 물요정이 등장한다. [그림 1-4]와 같이 사슴은 따뜻한 입김을 불어 물요정을 탄생시키고, 물요정은 따뜻한 손길로 꽃과 나무를 탄생시킨다. 이렇듯 생명의 탄생과 성장은 모두 따뜻한 사랑과 관심에서 비롯된다.

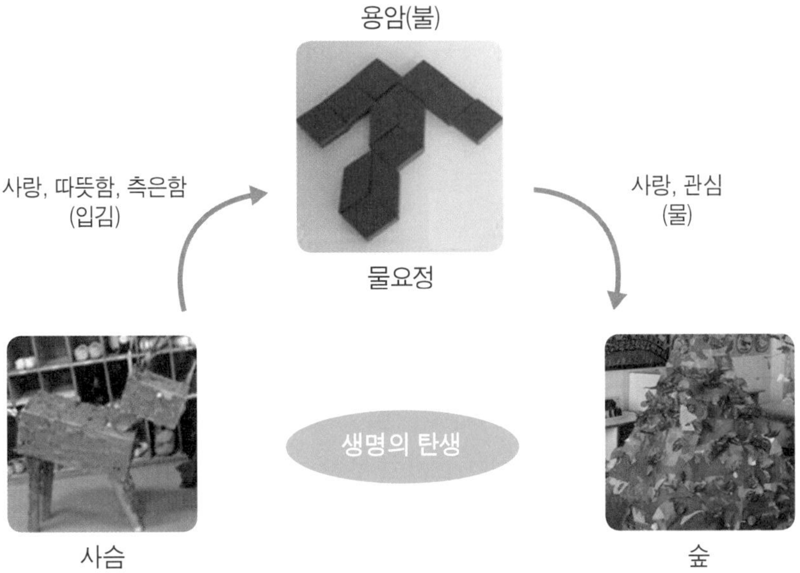

[그림 1-4] <희망의 불꽃> 배경과 주요 등장인물들 간의 관계

사슴

사슴은 동료애가 깊은 온순한 동물로 알려져 있다. 무리가 함께 이동할 때마다 낙오된 사슴이 없는지 확인하는 습성이 있어 의리를 저버리지 않는 '믿음'과 '신의'의 상징으로 여겨진다. 크리스마스에 산타클로스 할아버지의 썰매를 끌어 주는 믿음직한 동물, 선녀와 나무꾼을 맺어 주는 의리 있는 동물, 위험에 빠진 해리포터를 든든히 지켜 주는 동물로 묘사되는 사슴은 이러한 상징성을 잘 드러내 주고 있다. 〈희망의 불꽃〉에서도 역시 사슴은 보이지 않는 곳에서 늘 물요정을 지켜보고 도움을 주는 믿음직하고 든든한 지원자로 등장한다. 사슴은 사랑과 관심이 담긴 따뜻한 시선과 입김으로 생명의 탄생을 이끌고 있다.

[그림 1-5] <희망의 불꽃>에 등장하는 사슴의 상징적 의미

물요정

물요정은 생명의 시작을 의미하는 '물'을 상징한다. 물요정의 손길과 눈물로 꽃과 나무가 성장하고 울창한 푸른 숲이 만들어진다. 물요정은 기쁨과 환희, 절망과 좌절의 감정을 오가면서 생명의 탄생과 신비로움, 성장의 기쁨을 표정과 몸짓으로 한껏 드러낸다. 생명의 탄생과 성장 그리고 좌절을 극복하는 힘은 물요정의 따뜻한 사랑의 마음과 관심에서 비롯되고 있다.

[그림 1-6] <희망의 불꽃>에 등장하는 물요정의 상징적 의미

초록빛 식물

햇빛과 물을 섞어서 지구의 모든 생명체가 살아갈 수 있는 에너지를 만들어 내는 존재가 바로 식물이다. 그래서 식물은 '지구의 어머니'라고 일컬어진다(Jahren, 2017). 초록색 잎에 단풍이 들고, 그 잎이 떨어져 흙과 섞이면, 낙엽은 숲의 에너지원이 된다. 땅에 떨어진 낙엽은 애벌레의 집이 되고 먹이가 되며, 낙엽의 긴 여행은 흙으로 끝이 난다. 흙 속의 양분은 다시 나무로 흡수되어 새로운 생명을 탄생시킨다. 물요정의 사랑과 관심으로 태어난 꽃과 나무의 성장에서 보다 나은 세상으로 나아갈 수 있는 힘찬 생명력을 느낄 수 있다.

[그림 1-7] <희망의 불꽃>에 등장하는 식물의 상징적 의미

밝은 빛을 향해 쭉쭉 뻗어 나가는 식물처럼, 인간 역시 각자의 꿈을 향해 성장해 나간다. 물요정의 손길과 사슴의 입김이 생명을 탄생시키고 성장시켰던 것처럼, '따뜻한 사랑과 관심'은 우리 삶을 더욱 성장시키는 원동력이 된다.

② 용기와 희망

잿더미가 된 숲은 어떻게 다시 재탄생할 수 있었을까요?

[그림 1-3]에서 보는 바와 같이, 〈희망의 불꽃〉은 탄생하고 소멸하며 재탄생하는 자연의 순환을 이야기하고 있다. 물요정은 생명을 탄생시키고 성장하게 하는 원동력이 되는 '물'을 상징한다. 반면, 불화산은 모든 것을 태워 소멸시키는 '불'을 상징한다. 그러나 불타 버린 잿빛 숲에는 좌절과 절망만 남아 있는 것이 아니었다. 화산재로 뒤덮인 숲은 물요정의 눈물로 다시 힘을 얻어 더 힘차게 뻗어 나간다.

화산재

화산이 폭발하고 난 후에는 모든 것이 불타 버린 화산재가 남는다. 그러나 화산재는 식물이 성장하는 데 필요한 성분이 포함되어 있어서 시간이 흐르면서 식물이 자라기에 좋은 토양으로 점차 변해 간다. 그리하여 잿더미 속에서도 새로운 생명이 움트고 다시 성장하는 비옥한 생명의 땅이 된다. 화산재로 뒤덮여 절망적인 상황에서도 희망을 꿈꾸고 용기를 가질 수 있는 것은 화산재가 가진 이러한 특성 때문이다.

불새

불은 모든 생명을 태우는 힘을 가지고 있어 소멸을 상징한다. 그러나 오랜 세월 동안 불은 인간에게 무한한 잠재력을 가지는 유용한 도구로 사용되어 왔다. 불을 자유롭게 사용할 수 있게 됨으로써 비로소 우리는 원시사회를 벗어나 문명사회로 진입할 수 있었다(Harari, 2015). 즉, '불'은 소멸을 상징함과 동시에 새로운 '빛'을 상징하기도 하는 양면성을 가지고 있다. 이러한 불의 양면성은 〈희망의 불꽃〉에 등장하는 불새에게서도 찾아볼 수 있다. 불은 무섭게 달려들어 물요정과 숲을 태워 버리지만, 잿더미 속에서 또다시 희망을 발견하고 더 힘차게 뻗어 나가는 원동력이 되고 있다.

[그림 1-8] <희망의 불꽃>에 등장하는 불새의 상징적 의미

〈희망의 불꽃〉은 이처럼 절망 속에서도 좌절하지 않고 따뜻한 사랑과 관심으로 어려움을 이겨 내고 꿈을 향해 나아갈 수 있도록 희망과 용기를 주는 이야기이다. 마치 그리스 신화에 나오는 판도라의 상자처럼 절망과 희망은 늘 함께한다. 희망과 용기로 절망을 이겨 내면 더욱 강하고 힘차게 풍요로운 삶으로 나아갈 수 있게 된다.

2. '희망의 불꽃' 프로그램 실행하기

유아들은 어떻게 〈희망의 불꽃〉을 즐기고 놀이하며 상징적 의미를 해석해 나갔을까요?
다음의 사례를 참고하여 유아들과 함께 〈희망의 불꽃〉으로 신나게 놀아 보세요.

〈희망의 불꽃〉을 처음 접한 유아들은 애니메이션을 감상하면서 다양하게 놀이하며 즐긴다. 등장인물에 관심을 가지고 궁금한 것을 관찰탐구하고, 색과 음악을 느끼고 표현하면서 이야기를 상상하고 만들어 나간다. 유아 스스로 만들어 가는 놀이 속에서 유아들은 점차 〈희망의 불꽃〉이 전하는 상징적 의미를 나름대로 해석한다. 유아들은 자연의 순환 속에서 희망을 가지고, 사랑의 마음을 나누며 살아가야 한다는 것을 깨닫고 일상에서 실천한다.

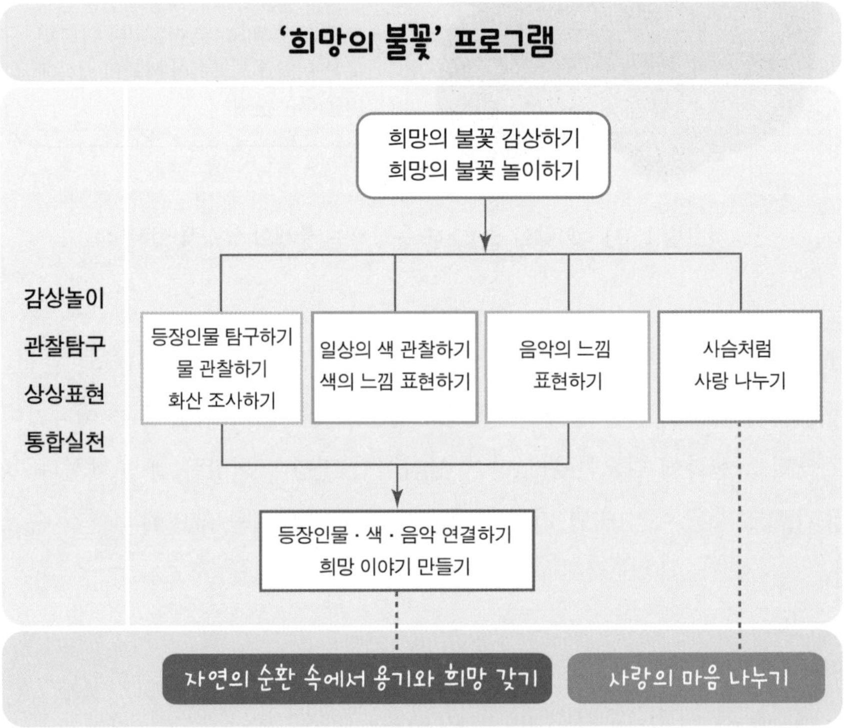

※ 3, 4, 5세 유아를 대상으로 '희망의 불꽃' 프로그램을 진행한 사례를 모아서 전개도로 정리함.

[그림 1-9] '희망의 불꽃' 프로그램 전개의 예

1) 희망의 불꽃 감상하기

(1) 음악 감상하기

문화문해교육 교수 · 학습 방법

감상놀이

자유롭게 음악을 감상하면서 청각, 시각, 운동감각을 자연스럽게 연결한다. 유아들은 청각적 자극을 통한 생각과 느낌을 움직임으로 표현하고, 음악에 어울리는 이미지를 상상하기도 한다.

며칠 동안 자유놀이나 정리시간에 반복적으로 들려오는 음악을 자연스럽게 듣는다. 음악에 익숙해지면서 유아들은 그다음에 어떤 음악이 이어질 것인지 흥얼거리기도 하고 옆 친구들과 이야기를 나누기도 한다. 음악을 더 듣고 싶은 유아들은 자유롭게 모여 음악을 듣는다. 작고 느리다가 크고 빨라지는 순간이 되면 다음 음악이 어떻게 변할지에 집중하며 그 느낌을 신체 움직임으로 나타낸다. 음악의 선율에 따라 떠오르는 이미지를 이야기한다. 이 음악에 어울리는 장소는 어디인지, 누가 등장하는 것인지, 지금 어떤 상황이 벌어져서 이런 소리가 나는 것인지, 어떤 일이 일어나서 갑자기 소리가 커지거나 작아진 것인지 등을 이야기 나눈다.

핵심역량

심미적 감성 역량
- 감상하기: 자유로운 분위기에서 음악을 듣고 보고 느낀다.

창의적 사고 역량
- 참신하게 사고하기: 음악을 들으며 떠오르는 이미지나 이야기를 상상한다.

(2) 희망의 불꽃 감상하기

문화문해교육 교수 · 학습 방법

감상놀이/상상표현

자유롭고 편안하게 희망의 불꽃을 감상한다. 희망의 불꽃의 등장인물, 색, 음악에 관심을 기울이고 생각과 느낌을 말, 움직임, 그림 등으로 표현한다. 또한 개별 유아들이 표현한 것을 함께 살펴보면서 다른 사람의 경험에도 관심을 기울인다.

빔 프로젝트를 이용하여 대형 화면으로 희망의 불꽃을 감상한다. 음악의 선율에 따라 혹은 등장인물의 움직임에 따라 몸을 자유롭게 움직이며 그 느낌을 표현한다. 그동안 들었던 음악을 기억하고 자신이 상상했던 이미지를 애니메이션 속에서 찾아내며 친구들과 자유롭게 이야기를 나눈다.

"우리가 들었던 음악이야."
"으-악. 불괴물 때문에 깜짝 놀랐어. 우리가 보았던 것이 빨간 불괴물이었어."
"나는 나비랑 무당벌레도 봤어."
"저것 좀 봐. 나무가 쑥쑥 자라고 꽃도 피어나. 저 여자가 요술을 부리나 봐."

유아들은 희망의 불꽃에서 본 것을 이야기하거나 가장 기억에 남는 장면을 그림으로 그린다. 감상하면서 궁금하거나 호기심을 가지게 된 것에 대해 자유롭게 이야기를 나누며 상상한다. 그림으로 그린 유아들은 작품을 어떻게 전시할 것인지 토의한다. 그 결과, 이야기의 흐름에 따라 순서대로 작품을 전시하기로 한다. 작품을 전

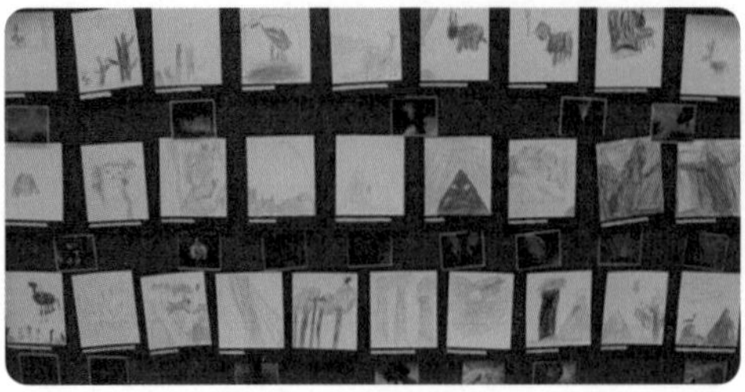

"사슴이 걸어오는 그림이 제일 처음이야."
"그다음에는 동굴에서 요정을 깨우는 거야."
"나는 빨간색 화산이 나올 때가 제일 기억나."
"나도 그래. 그런데 조금 무섭지만……."

시하고 자유롭게 감상한다.

> **핵심역량**
> 심미적 감성 역량
> - 감상하기: 소리의 변화에 민감하게 반응하고, 주인공뿐 아니라 잠시 나타났다가 사라지는 곤충이나 식물에도 관심을 기울인다.
> - 표현하기: 희망의 불꽃을 보면서 생각하거나 느낀 것을 다양하게 표현한다.

2) 희망의 불꽃 놀이하기

(1) 역할놀이하기

문화문해교육 교수 · 학습 방법

감상놀이

희망의 불꽃을 감상하고 난 후 유아들은 음악이 흘러나오면 등장인물의 움직임을 몸으로 표현한다. 실내뿐만 아니라 실외에서도 나무, 꽃 등을 배경으로 물요정이 나무를 자라게 하는 장면이나 꽃을 피우는 장면 등을 자유롭게 흉내 내며 놀이한다.

희망의 불꽃을 감상하고 난 후에도 유아들은 음악이 흘러나오면 음악의 선율에 집중하여 음악을 듣고 즐긴다. 교실의 여기저기를 뛰어다니며 등장인물의 행동을 음악의 선율에 따라 크고 작게 움직이며 표현한다. 실내뿐 아니라 실외에서도 스피커에서 흘러나오는 음악을 들으면서 스카프를 두르고 등장인물을 표현하기도 한다. 실내보다 실외에서 더 크게 활발하게 움직인다. 몇몇 유아가 등장인물의 움직임을 표현하기 시작하면, 다른 유아들도 다양한 역할을 맡아 놀이에 참여하여 함께 즐긴다.

"화산이 터져서 모든 게 다 타 버렸어."
"물요정도 이렇게 쓰러졌어."

"나는 빨간 옷을 입은 불괴물. 숲 속을 날아다닐 거야."

"나는 물요정이야. 물요정처럼 날아다니며 예쁜 꽃을 피울 거야."

"물요정이 손을 벌려서 만든 꽃하고 똑같아."
"나도 물요정처럼 손을 움직여 볼래."

핵심역량

의사소통 역량
- 표현하기: 주변의 환경과 소품을 활용하여 등장인물의 움직임을 표현한다.
- 이해하기: 등장인물처럼 움직여 보면서 희망의 불꽃 내용을 이해한다.

이와 같은 활동상황을 일일교육실행서로 제시하면 다음과 같다.

일일교육실행서

<table>
<tr><td>놀이주제</td><td>역할놀이하기</td></tr>
<tr><td>날짜</td><td>년 월 일 요일</td></tr>
<tr><td>일과 시간표</td><td>* 유치원이나 어린이집의 하루 일과를 간단히 기록</td></tr>
<tr><td>놀이 이야기 (영유아행동 관찰)</td><td>몇몇 유아가 등원하자마자 초록색 스카프를 두르고 음악을 들으며 몸을 움직인다. 몸을 움직이면서 자신의 동작을 언어로 표현하기도 한다.
"새처럼 훨훨 날아다니는 거야." "날개를 펄럭펄럭 해야 해." "손을 비벼서 꽃을 피우는 거야." "날개를 더 크게 해야 해. 그래야 나무가 더 크게 자라."
음악 중반부에 불새가 나오는 부분이 가까워 오자 몇몇 유아는 빨간색 스카프를 두르고 두 팔을 양옆으로 뻗으면서 몸을 움직이고 초록색 스카프를 두른 유아의 뒤를 따라 움직인다. 교실을 돌아다니며 움직임을 표현하는 유아들은 모두 타서 재가 되는 장면이 다가오자 각자 있던 위치에서 쓰러지는 움직임을 표현한다. 서로 다른 장소에서 움직임을 표현하던 유아들은 서로의 위치를 보면서 카펫 위가 좋겠다며 모두 그곳으로 모인다.

"화산이 폭발했어. 어서 피해야 해."
"모두 이리 와. 여기에 쓰러지자."
"아~ 화산을 피해서 도망쳤더니 너무 힘들어. 힘이 다 빠졌어."
"사슴님, 도와주세요. 어서 와서 우리를 일으켜 주세요."
"저기 불꽃이 약해졌어. 힘이 없어졌나 봐."
여러 명이 함께 움직임을 표현하면서 물요정이 태어나는 동굴의 위치, 물요정이 꽃을 피우는 곳, 화산이 폭발하는 장소를 어디로 할지에 대해 움직임을 표현할 때마다 의견을 나눈다.</td></tr>
<tr><td>영유아 문화문해</td><td>• 등장인물(물요정, 불새)의 움직임과 행동에 관심을 보인다. 특히 물요정의 움직임과 행동에 주의를 기울인다.
• 등장인물이 되어 움직이면서 희망의 불꽃의 배경이 되는 공간을 교실의 어느 장소로 하면 적절할지에 대해 관심을 보인다.
• 지영이는 등원하자마자 초록색 보자기를 두르고 물요정처럼 움직이다가 사슴이 등장하는 순간이 다가오자 "사슴, 사슴" 하며 친구를 부르면서 애니메이션의 등장인물과 이야기 전개에 관심을 나타낸다.</td></tr>
<tr><td>문화문해 과정</td><td>• 심미적 감성 역량
- 표현하기: 주변의 소품을 활용하며 자유롭게 등장인물의 움직임을 표현한다.
• 감상놀이
- 무엇이든 하고 싶은 것을 할 수 있는 시간과 움직임이 자유로울 수 있는 공간에서 직접 등장인물이 되어 느낌과 생각을 자유롭게 표현하고 있다.</td></tr>
<tr><td>추후 계획</td><td>• 관찰탐구
- 역할놀이를 더욱 확장할 수 있는 새로운 공간 확보를 위해 교실 공간을 둘러보고 공간의 넓이를 측정하기
- 새로운 공간 구성을 위한 소품이나 필요한 재료 수집에 대해 토의하기</td></tr>
</table>

(2) 배경 구성하기

문화문해교육 교수 · 학습 방법

관찰탐구

역할놀이를 즐기다 보니 놀이 공간이 필요해진다. 교실 공간을 새로운 관점에서 탐색하면서 이전의 공간을 해체하고 조합하며 필요한 놀이 공간을 만들어 나간다. 공간을 구성하면서 놀이는 더욱 활발해지고, 놀이를 즐기는 과정에서 공간은 지속적으로 추가되거나 변형 · 확장되어 간다.

놀이를 지속적으로 즐기면서 사슴이 물요정을 깨우는 동굴이나 화산 등 이야기의 배경이 되는 공간을 만들면 좋겠다는 의견을 나눈다. 교실 전체를 둘러보면서 어디에 어떤 공간을 구성하면 좋을지 토의하고 교실 공간을 재구성한다. 공간 구성을 위해 교구장과 책상, 의자를 옮기고 필요한 공간을 구성하기 위해 흥미영역을 확장 또는 축소하면서 여러 날에 걸쳐 천천히 배경을 구성해 나간다.

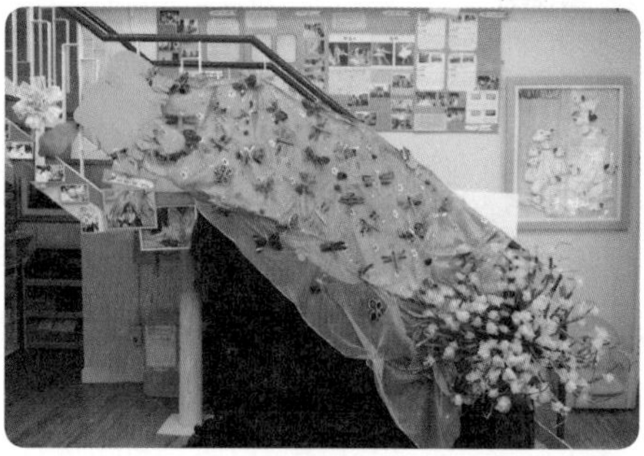

2층 올라가는 계단 아래를 물요정이 태어나는 동굴로 구성한다.
바닥에는 동굴 안의 물을 표현하고 동굴 위에는 고드름을 만들어 붙인다.

교실 한구석을 용암이 흐르는 화산으로 꾸미고, 그 안에서 역할놀이를 한다.

상황에 따라 유아들은 교사도 등장인물의 역할을 맡아 함께 놀이하기를 원한다. 그중에서도 물요정이 깨어나는 것을 도와주고 지친 요정을 등에 태워 주는 사슴의 역할을 교사에게 맡긴다. 유아들의 요구에 따라 교사는 사슴이 되어 역할놀이에 참여하고 함께 즐긴다.

핵심역량

지식정보처리 역량
- 문제 · 과제 인식하기: 놀이를 즐기는 과정에서 공간 구성이 필요함을 인식한다.
- 해결책 탐색하기: 영상의 배경이 되는 공간을 만들기 위해 정보와 자료를 수집하고 활용한다.
- 해결 및 평가하기: 교실을 살피면서 공간을 어떻게 만들 것인지 계획하고 구성한다.

심미적 감성 역량
- 표현하기: 역할놀이를 위한 공간을 심미적으로 아름답게 구성한다.

자기관리 역량
- 자기주도하기: 여러 차례 놀이를 즐기던 유아들은 교사의 참여를 요구하며 놀이를 주도한다.

협력과 성장: 함께 해결해요

활동이 천천히 진행되니 마음이 조급해지는데 괜찮을까요?

처음에는 극놀이를 OHP로 비춰 준 배경만 활용하여 진행하다가, 이제는 여러 가지 소품이 생기기 시작하고 점차 극놀이가 정교해지고 있습니다. 소품을 만들면서 극놀이를 진행하다 보니 활동이 조금 더디게 진행되고 있지만 계속 심화되고 있는 것이 느껴집니다. 활동이 더욱 깊어지고 있기는 하지만 교사로서 다음 활동으로 넘어가야 할 것 같아 다급해지는 마음도 있습니다.

내가 의도하는 대로 빨리빨리 넘어가 주지 않고 아이들이 하나를 하더라도 너무 꼼꼼히 하려는 경향이 있어요. 유아 나름대로 이유가 다 있기 때문에 하지 말라고 이야기할 수가 없어요. 오래오래 만들고 계속 즐기는 중인데 교사로서 진도가 안 나가는 느낌이라서 너무 답답하게 느껴질 때가 있어요. 특히 무언가 새로 알게 되면 소품이나 공간을 만들 때 아는 것을 다 활용하고 싶어 해서 더 오래 걸려요.

하늘유치원 5세반 김 교사

아마 아이들은 끝날 때까지 그 과정을 지속하게 될 것입니다. 아이들은 충분히 생각하고 탐구하고 즐기면서 놀이를 진행하고 있습니다. 환경을 꾸미는 것 자체가 목표라면 교육적 의미는 없어져 버리지만 그 과정에서 겪게 되는 경험을 중요하게 생각해야 합니다. 선생님이 목표로 삼고 있는 것이 무엇인지 생각해 보시고, 그 목표를 달성하는 방법이 꼭 선생님이 계획하고 의도한 것으로만 달성되어야 하는 것인지도 생각해 보세요. 아이들의 놀이를 잘 관찰해 보시면서 무엇을 지원해 주어야 할 것인지, 어떻게 동기유발을 해 주어야 할 것인지 고민하면, 조금 늦게 더디게 가더라도 아이들이 얻게 되는 것은 더 많아질 것입니다.

저자

3) 등장인물 탐구하기

(1) 등장인물 관찰하기

문화문해교육 교수 · 학습 방법

관찰탐구

역할놀이를 즐기며 등장인물에 관심을 갖는다. 각 인물을 주의 깊게 관찰하면서 등장인물의 생김새와 색, 움직임, 그리고 그들 간의 관계를 알아낸다. 유아들이 찾아낸 등장인물을 그 특성에 따라 적절한 매체로 다양하게 표현한다.

등장인물의 행동을 재현하며 역할놀이를 즐기는 동안 등장인물의 모습이 하나의 고정된 형태가 아니라 변화하는 것임을 알아낸다. 시시각각 변화하는 등장인물의 모습과 색, 움직임 등을 주의 깊게 관찰하면서 연상되는 이미지를 상상한다.

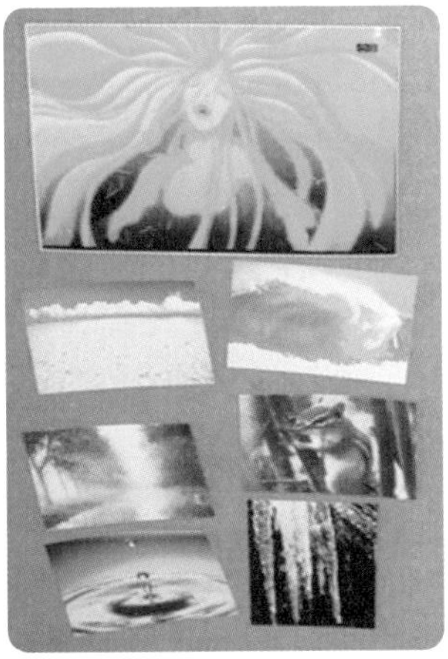

"물요정은 파도치는 모습 같아."
"나무 위로 빨리 올라가는 모습은 꼭 다람쥐랑 똑같아."
"물요정이 처음에는 고드름이었어."
"물요정의 초록색 머리가 바람개비 같아."

"불괴물은 독수리같이 생겼어. 얼굴도 그렇고 날개를 활짝 핀 것도 그래."
"불괴물은 무서운 사자 같아. 펄쩍펄쩍 뛰어올 때는 아주 화난 사자 같지?"
"날아가는 모습은 비행기 같기도 해."

유아들은 각자 다양한 방법으로 등장인물의 이미지를 표현한다. 조각 블록으로 등장인물을 만들기도 하고, 실외놀이터에서 주워 온 자연물이나 재활용품을 활용하여 등장인물의 모습을 표현하기도 한다. 만든 작품을 서로 감상하면서 이름을 붙이기도 하고, 등장인물의 특성이나 역할에 대해서도 이야기 나눈다.

"내가 만든 불독수리야. 날개를 펼치면 아주 멀리 날아갈 수 있어."

"동굴 속에서 물요정이 태어나고 있어."

"물요정을 구해 주는 멋진 사슴이야."

"요정이 기분이 좋아서 날아가는 모습이야."

"요정이 날아갈 때는 머리가 날리는데, 그 속에는 꽃도 있고 곤충도 있고 나무도 있어."

핵심역량	지식정보처리 역량 - 해결책 탐색하기: 등장인물을 표현하기 위한 적절한 자료를 수집한다. 창의적 사고 역량 - 참신하게 사고하기: 등장인물의 생김새, 색, 움직임, 감정 등을 주변 사물을 활용하여 새롭게 표현한다.

(2) 등장인물의 생각과 감정 상상하기

문화문해교육 교수 · 학습 방법

상상표현

직접 등장인물이 되어 움직이는 역할놀이를 반복하면서 겉으로 드러난 등장인물의 표정이나 움직임을 바탕으로 내면의 감정이나 느낌을 상상하여 표현한다.

등장인물 간의 대화나 말이 없고 오로지 음악과 시각 이미지만 담겨 있는 희망의 불꽃을 감상하면서, 초기에 유아들은 등장인물의 움직임에 집중하여 행동으로 표현하였다. 그러나 역할놀이가 계속되면서 점차 등장인물 간의 대화를 상상하여 이야기하기도 하고, 이야기의 상황을 설명하기도 한다. 점차 등장인물의 행동을 통해 그들의 생각이나 감정을 상상하고 공감하며 그것을 언어로 표현하며 놀이한다.

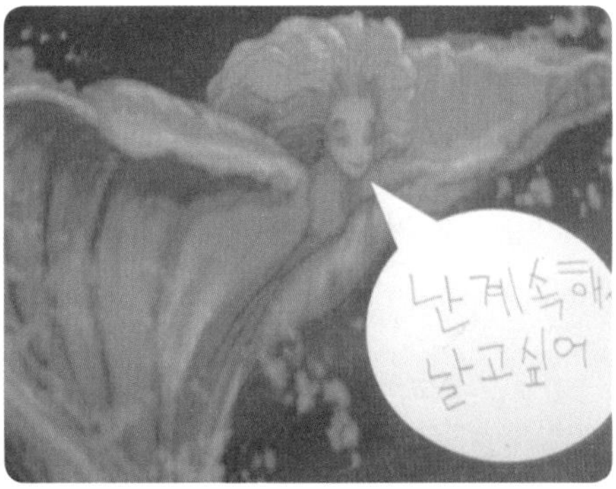

핵심역량

의사소통 역량
- 의미 구성하기: 전체적인 맥락 안에서 등장인물의 생각과 감정을 구성한다.
- 표현하기: 등장인물의 생각과 감정을 언어로 표현한다.

창의적 사고 역량
- 참신하게 사고하기: 등장인물의 표정과 움직임을 바탕으로 내면의 생각과 감정을 상상한다.

(3) 등장인물의 이름 짓기

문화문해교육 교수 · 학습 방법

관찰탐구/상상표현

등장인물을 다양한 방법으로 관찰하고 표현하면서 등장인물의 특성을 파악하여 어울리는 이름을 짓는다. 이름이 떠오를 때마다 자유롭게 기록하고 수정하면서 자신의 생각을 편하게 드러내고 친구들의 서로 다른 생각을 공유한다.

희망의 불꽃에는 등장인물의 이름이 나오지 않고, 그 모습도 구체적이지 않으며, 이야기 흐름에 따라 모습이 계속 변화한다. 그러다 보니 유아들이 등장인물을 부르는 명칭이 각기 다르고, 시간이 지나면서 부르는 이름이 계속 바뀌기도 한다. 유아들은 등장인물의 이름을 지어 보기로 하고 의견을 모은다. 여러 의견이 제시되자 각 등장인물마다 하나의 이름으로 정하여 모두 똑같이 부르자는 의견도 있지만, 조금 더 생각하고 결정하자는 제안도 많다. 그래서 주인공들의 이름을 결정할 때 계속 생각이 바뀔 수 있다는 점을 감안하여 시간을 두고 의견을 더 모아서 결정하기로 한다. 계속 생각을 모을 수 있는 게시판을 마련하여 적당한 이름이 떠오를 때마다 자유롭게 기록한다.

"어떤 이름이 어울릴까?"
"생각을 계속 모아 보자."

- 물요정, 물천사, 봄의 여신, 색깔 요정…….
- 불독수리, 불태우는 새, 불괴물, 빨간 괴물…….
- 뿔사슴, 착한 사슴…….

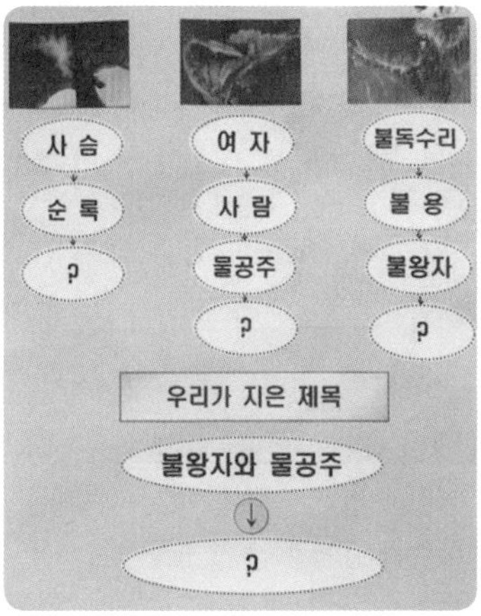

"우리가 놀이하면서 불렀던 이름들이야."
"내 생각에는 물공주도 괜찮은 것 같은데, 좋은 생각이 있으면 계속 모아 보자."
"빨간색 화산이 폭발할 때는 정말 무서워. 늑대 같기도 해."
"그런데 왕자님처럼 멋진 것 같아. 그래서 불왕자라고 부르면 어떨까? 종이에 적어 볼게."

핵심역량

의사소통 역량
- 이해하기: 이야기 흐름 속에서 등장인물의 특성을 이해한다.

창의적 사고 역량
- 적절하게 사고하기: 맥락 속에서 등장인물의 색, 모습, 역할 등에 어울리는 이름을 짓는다.

4) 물 관찰하기

문화문해교육 교수 · 학습 방법

관찰탐구/교류발전

등장인물에 대해 탐색하면서 물에 대해 호기심을 갖는다. 주변에서 물을 찾아 관찰하면서 물의 특성과 변화, 물과 식물의 관계에 대해 탐구한다.

유아들은 실내 혹은 실외에서 놀이하는 동안 희망의 불꽃에서 본 것과 같은 대상이나 장면을 발견하기도 하고 스스로 찾아보기도 한다. 특히 주변에서 쉽게 볼 수 있는 물이나 나무, 꽃을 보면 희망의 불꽃의 물요정과 연관 짓는다.

"여기가 물공주 집이라 나무가 많아."
"물공주가 날개를 활짝 편 것 같아."

"물공주가 만든 열매인 것 같아."
"씨앗이 자라서 열매가 된 거야."
"다시 땅에 심으면 물공주가 꽃을 피워 줄 거야."

물을 관찰하면서 물의 변화와 물이 하는 일에 관심을 가진 유아들은 물이 어떤 모습인지, 무엇을 하는지에 주의를 기울이며 자유롭게 희망의 불꽃을 감상한다. 감상하는 동안 마치 숨은 그림을 찾는 것처럼 물이 어디에 있는지를 찾아본다. 물이 안 보이는 장면에서는 어디로 갔을지 상상하기도 한다. 물과 관련된 도서나 동영상을 보면서 주변에 물이 있는 곳을 찾거나 직접 물을 모으며 물의 특성을 탐구한다.

"물웅덩이를 만들어 보자."
"비가 오면 물이 더 많아질 거야."
"물이 많으니까 나무가 크게 자랄 수 있겠다."
"이건 물요정이 흘린 눈물로 만들어진 연못이야. 숲이 다 타 버려서 슬퍼서 흘린 눈물인 거야."

물이 식물을 자라게 해 준다는 이야기를 나누면서 물을 관찰하다가 실외놀이터에 있는 식물도 자라기 위해서는 물이 필요하다는 것을 알아낸다. 실외놀이터에 나가서 스스로 꽃과 나무에 물을 주며 정성스럽게 돌보며 관찰한다. 어제와 달리 변화된 꽃과 나무를 발견하면 그 변화를 함께 관찰하고 물 때문에 변화된 것이라는 이야기를 주고받는다. 물을 주는 자신의 모습을 물요정과 비교하기도 하고, 물요정이 하는 일을 자신도 똑같이 하고 있다는 것을 자랑스럽게 이야기하기도 한다.

"우리도 물요정처럼 식물에 물을 주자."
"그래. 우리가 나무를 쑥쑥 자라게 하자."
"우리가 물요정이 된 것 같아."
"어제는 요만큼 잎이 나와 있었는데 오늘은 이만큼 자랐어. 이것 좀 봐!"
"물요정이 눈물을 흘린 거야. 이게 바로 눈물이야."

핵심역량

지식정보처리 역량
- 문제 · 과제 인식하기: 물의 특성과 변화에 관심을 갖는다.
- 해결책 탐색하기: 관련 도서 · 영상을 보거나 혹은 직접 관찰하며 자료를 수집한다.

심미적 감성 역량
- 삶의 질 추구하기: 영상과 일상을 연결하면서 주변 환경과 자신의 행동에 의미를 부여한다.

공동체 역량
- 자연과 통합하기: 물과 식물을 관계 지으며 식물을 정성스럽게 돌본다.

5) 화산 조사하기

문화문해교육 교수 · 학습 방법

관찰탐구/상상표현

등장인물 중 하나인 화산에 관심을 가지고 화산에 대해 알게 된 지식을 다양한 재료를 활용하여 표현한다. 정리하지 않고 놓아둔 구성물이 화산에 대한 관심을 이어 가는 동기가 되고, 새로 알게 된 것을 수정 · 보완하여 표현할 수 있는 토대가 된다.

화산에 관심을 보이는 유아들은 블록이나 미술영역의 재료를 활용하여 자유롭게 화산을 구성한다. 어떤 모양으로 만들 것인지, 어떤 색으로 표현할 것인지를 이야기 나누면서 화산의 모양과 화산 폭발 과정을 표현한다. 희망의 불꽃에서 본 것처럼 화산 안은 텅 비어 있고 그 안에 커다란 돌이 있는지, 화산이 터지기 전에 연기가 나는지, 불이 어디에서 나오는지, 화산이 터지면 정말 모든 것이 다 타서 없어지

벽돌 블록으로 산 모양을 만들고 그 안에 빨간 천을 넣어 둔다. 화산이 터지면 천을 뽑으면서 용암이 흐르는 모양을 흉내 낸다. 유아들은 다음 날도 가지고 놀 것이라며 정리하지 않고 귀가한다.

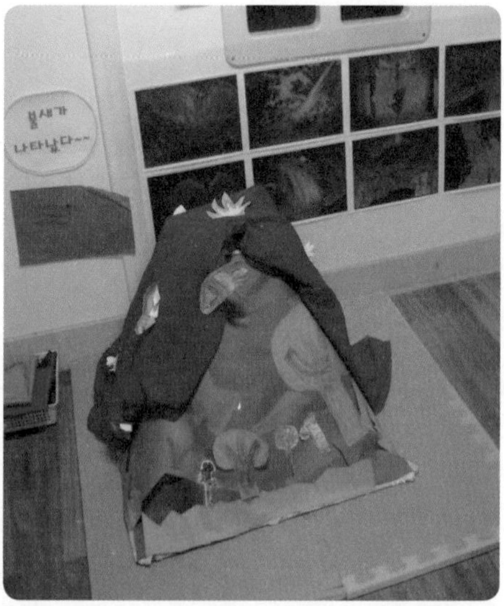

미술영역에 비치된 종이, 천 등을 활용하여 화산을 구성한다. 화산 가운데에 구멍을 만들고 용암이 흐르는 것처럼 빨간 천을 덮는다.

는지 등에 대해 궁금해하며 질문하기도 한다. 몇몇 유아는 집에 있는 화산 관련 책을 가지고 와서 친구들과 함께 살펴본다.

유아들은 도서와 동영상 자료 등을 찾아보면서 새롭게 알게 된 것을 기록하거나 그림으로 그린다. 화산 폭발 실험을 하면서 용암이 흘러내리는 모습을 관찰하기도 하고, 역할놀이를 하면서 배경으로 만들어 놓은 화산 모형을 새롭게 알게 된 내용에 따라 수정하거나 보완하여 보다 정교하게 화산 모형을 다듬어 나가기도 한다.

"화산은 이렇게 산을 검게 태워 버려. 그런데 화산에 타 버린 산은 죽은 산이 아니야. 이 책 좀 봐!"
"어? 정말이네. 화산재로 까맣게 된 산에서 다시 풀들이 자라나고 있어."
"화산재는 거름이 된대."
"그럼 우리 화산에도 나중에 풀들이 자랄 수 있는 거지? 그럼 여기에 풀을 심어 놓자."

핵심역량

지식정보처리 역량

- 문제 · 과제 인식하기: 진짜 화산의 모습과 용암 등에 대해 호기심을 갖고 조사한다.
- 해결책 탐색하기: 도서 · 동영상을 찾아보거나 실험을 하면서 화산과 재, 식물의 관계에 대해 탐구한다.

협력과 성장: 함께 해결해요

유아가 지속적으로 흥미를 갖게 하려면 어떻게 해야 하나요?

요즘 유아들은 관심이 자주 바뀌는 것 같아요. 한곳에 오래 집중하지 못하고 잠시 반짝 관심을 가졌다가 금방 다른 재미있는 것을 찾아 주의를 돌려서 활동이 오래 지속되지 못하는 유아도 있어요. "그래, 내일은 이렇게 해 보자." 하고 약속해 놓고 다음 날 오면 "선생님, 나 오늘은 저거 할 거예요." 하고 관심을 돌려 버려요. 뭔가 즐겁게 오랫동안 즐겼으면 좋겠는데 그 부분이 마음대로 안 되니까 조급해지고 불안해져요.

별빛유치원 5세반 최 교사

오늘 하루 몰입하여 열심히 놀이했던 유아의 모습을 사진이나 영상으로 찍거나 미완성된 결과물 등으로 지속적으로 자극을 주어야 합니다. 유아 스스로 흥미를 갖고 오랜 시간 활동에 몰입하는 것이 쉽지 않을 것입니다. 일단 유아 수준에서 해결할 수 있을 정도의 규모로 활동을 계획하는 것이 중요하고, 유아의 참여에 따라 진행의 결과가 가시적으로 보일 때 효과가 있습니다. 또한 일시적인 흥미에 따라 나타나서 잠시 즐기고 끝나도 되는 활동인지 아니면 지속적으로 연결하여 확장해 나갈 만한 가치가 있는 활동인지 판단하여 활동의 지속 여부를 결정하는 것도 필요합니다.

저자

6) 일상의 색 관찰하기

문화문해교육 교수 · 학습 방법

관찰탐구

유아들은 희망의 불꽃을 감상하면서 이야기 전개에 따라 뚜렷하게 변화하는 색에 관심을 가지고 관찰한다. 일상의 사물과 자연에서 같은 색을 찾아보고 색의 상징과 의미를 알아본다.

역할놀이를 계속해 나가면서 등장인물의 색과 같은 색의 스카프를 찾아서 두르거나 빨간 불괴물, 초록 물천사와 같이 등장인물의 이름을 색과 연결하여 부른다. 희망의 불꽃을 감상할 때에도 각 장면에서 나오는 색이 정확히 무슨 색인지 의견을 나누며 색에 관심을 보인다.

희망의 불꽃에서 본 색을 친구들의 옷이나 놀잇감에서 찾아보기도 하고, 실내 ·

외에서 유사한 색을 발견하면 색깔별로 모으기도 한다. 색을 찾고 수집하면서 그 색이 어느 곳에 많이 있는지, 왜 그 색을 사용했는지, 만약 그 색이 아니라면 어떨지, 그 색을 보면 어떤 느낌이 나는지 등에 대해 질문하고 이야기 나눈다. 여기저기 흩어져 있던 색을 모아 보거나 일상에서 특정 색을 사용하는 장소, 사물 등을 찾아 보면서 색마다 공통점이 있다는 것을 발견한다.

"하트도 빨간색이야. 산타할아버지도. 표지판에도 빨간색이 들어 있어. 우체통에도 있어."
"소방차랑 소방서도 빨간색이야."
"그럼 고마운 색인가?"
"빨간색은 위험하다는 표시이기도 하고, 조심하라고 알려 주는 색이야."

> **핵심역량**
>
> 심미적 감성 역량
> - 감상하기: 이야기의 흐름에 따라 음악과 어우러지며 변화하는 색을 느끼고 감상한다.
>
> 지식정보처리 역량
> - 문제 · 과제 인식하기: 희망의 불꽃에 등장하는 색에 호기심을 가지고 일상에서 찾아보기로 한다.
> - 해결책 탐색하기: 사물에 왜 그 색을 사용했을지에 대한 의문을 해결하기 위해 주변 사물을 살피면서 자료를 수집한다.
> - 해결 및 평가하기: 색이 상징하는 의미를 해석한다.

이와 같은 활동상황을 일일교육실행서로 제시하면 다음과 같다.

일일교육실행서

놀이주제 일상에서 희망의 불꽃에 나오는 색 찾아보기

날짜 년 월 일 요일

일과 시간표 * 유치원이나 어린이집의 하루 일과를 간단히 기록

놀이 이야기(영유아행동 관찰)

옷, 가방, 신발, 교실 안의 놀잇감 중에서 빨간색을 찾아서 모아 본 유아들은 교실 밖에도 빨간색이 있을지, 어디에 빨간색이 있을지 등을 궁금해한다.

"우리 동네에도 빨간색이 많을 것 같아." "맞아. 우리 유치원 앞에 있는 우체통도 빨간색이야." 유아들은 동네에서 보았던 빨간색을 떠올리고 이야기하면서 교실 밖으로 나가 자신들이 보았던 빨간색을 확인한다. 기억하고 있는 빨간색이 정말 그 자리에 있는 것을 확인할 때에는 정말 있다며 큰 소리로 신나게 이야기한다. 빨간색을 더 찾아보고 싶다고 하여 동네를 함께 돌면서 찾는다.

"꼭 지켜야 하는 글자는 빨간색으로 쓰는 것 같아." "하면 안 되는 것도 빨간색이야." "약은 왜 빨간색일까?" "다치면 피가 나니까 빨간색으로 한 것 같아." "잘 보이라고 한 것 같아." "소방차도 빨간색이야." "불이 빨간색이니까 소방차도 빨간색인가?" "불나지 않게 조심하라고 그러는 것 같아." "아! 약도 다치지 말라고 조심하라는 건가?"

영유아 문화문해

- 주변에 빨간색을 띠고 있는 사물에는 무엇이 있는지, 그리고 왜 그 사물은 빨간색을 사용했을지에 대해 의문을 갖는다.

문화문해 과정

- 지식정보처리 역량
  - 문제·과제 인식하기/해결책 탐색하기: 시청각영상에 나오는 색을 일상에서 찾아보고 왜 그 색을 사용했을지에 대한 의문을 해결하기 위해 주변 사물을 살피며 자료를 수집한다.
- 관찰탐구
  - 교실 내에 유아들이 찾은 빨간색 사물(장난감, 의류, 놀잇감 등)을 모아 둘 수 있는 공간을 마련한다. 관심이 교실 밖으로 이어질 때는 바로 나가서 확인을 하고 그것을 사진으로 찍어 다시 교실로 가져오자, 관심이 지속되고 의문을 가지고 스스로 자료를 수집하며 답을 찾아 간다.

추후 계획

- 관찰탐구
  - 주변에서 볼 수 있는 빨간색 물건을 찾거나 사진으로 찍어서 수집하기
  - 수집한 빨간색 사물을 비교하거나 분류하기

7) 색의 느낌 표현하기

문화문해교육 교수 · 학습 방법

상상표현

희망의 불꽃에 나오는 여러 가지 색을 자신들의 경험이나 느낌, 생각과 연결 지어 말, 표정, 그림 등으로 표현하면서 색의 의미를 읽어 간다.

희망의 불꽃에 나오는 색과 같은 색을 일상에서 찾아보고 같은 색끼리 한데 모아서 관찰한다. 그 색을 보면 생각나는 것, 그 색을 보면 떠오르는 느낌이나 감정, 그 색에 대한 경험 등을 이야기 나누고 자유롭게 표현한다. 생각을 정리하여 맵을 그리거나 색의 느낌을 표정이나 몸의 움직임으로 나타내거나 물감으로 직접 색을 만들어 느껴 본다.

"빨간색은 불괴물과 같은 색이야."
"나는 빨간색을 보면 타오르는 느낌이 들어."
"나는 빨간색을 좋아해서 빨간색을 보면 기분이 좋아."
"빨간색은 피 색깔이야. 그래서 주사 맞을 때처럼 아픈 느낌이야."
"빨간색은 신나는 색이야. 뛰고 싶어져."

"검은색을 보면 화나는 기분이야. 이렇게~"
"파란색은 기분 좋은 색이지. 그래서 웃는 표정이야."
"초록색은 엄마가 같이 놀아 주는 기분이야."
"갈색을 보면 아빠가 나를 꼭 안아 줄 때가 생각나. 그래서 갈색에서는 아빠 냄새가 나는 것 같아."

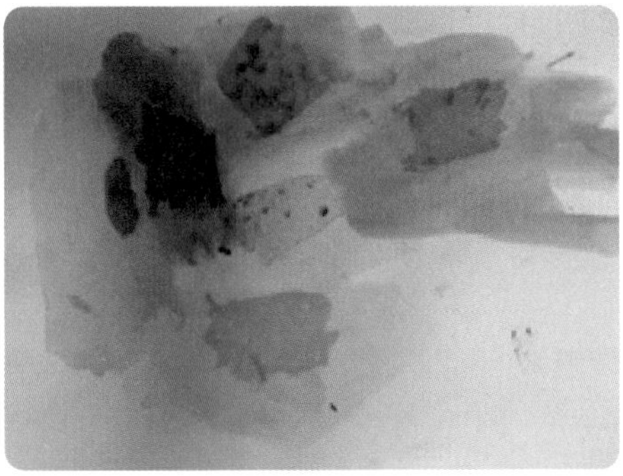

"여기 불괴물도 있고, 물요정도 있고, 사슴도 보이지?"
"동굴이랑 얼음물도 있는 것 같아."
"좋은 기분일 때는 파란색 옷을 꺼내 입고, 화가 나면 빨간색 옷을 꺼내 입고, 슬플 때는 검은색 옷을 꺼내 입어."
"그럼 초록색 옷은 언제 입는 거야?"
"그건 신나게 놀 때 입으면 되지."

핵심역량

의사소통 역량
- 표현하기: 색과 관련된 생각과 경험을 몸짓, 표현, 언어 등 다양한 방법으로 표현한다.

심미적 감성 역량
- 삶의 질 추구하기: 감각 자극(색)을 자신의 느낌, 생각, 경험과 연관 지으면서 풍부한 감성을 느낀다.

자기관리 역량
- 자아정체성 갖기: 감정과 생각, 경험을 표현하면서 자신을 이해한다.

8) 음악의 느낌 표현하기

(1) 음악의 느낌 표현하기

문화문해교육 교수 · 학습 방법

상상표현

희망의 불꽃의 배경음악을 듣고 음악에 따라 몸을 움직여 본다. 음악의 선율, 높고 낮음, 강하고 약함, 빠르고 느림의 음악적 변화를 느끼면서 다양한 방법으로 그 느낌을 표현한다.

유아들은 희망의 불꽃을 반복해서 보고 들으면서 어느새 음악에 익숙해진다. 음악이 흘러나오면 음악의 선율에 따라 몸을 움직이고, 변화되는 음악의 선율을 이야기의 흐름과 연결하여 역할극을 하기도 한다. 음의 높고 낮음, 강하고 약함, 빠르고 느림의 변화를 느끼면서 반복적으로 음악을 듣기도 하고, 자신의 생각이나 느낌을 다양하게 표현한다.

전반부	중반부	후반부
평화로운 느낌이 들어요. 눈물이 조금씩 내려올 것 같아요. 마음이 커지는 것 같아요. 졸려져요. 지루한 느낌이 들어요. 바이올린, 피리, 나팔 소리가 들려요.	손을 폈다가 오므렸다가 하는 느낌이 들어요. 무섭고 슬픈 느낌이 들어요. 물렁물렁한 느낌이 들어요. 손이 너무 떨렸어요. 구슬처럼 굴러가는 느낌이 들어요. 깜짝 놀랐어요. 폭탄이 터지는 것 같아요. 도망가는 장면이 생각나 속상했어요.	쑥쑥 자라는 느낌이 들어요. 신나요. 날아갈 것 같아요. 파도가 나올 것 같아요. 뛰어가고 싶어요. 하늘을 날아갈 것 같아요.

음악의 느낌을 적절하게 표현할 수 있는 재료를 탐색하고, 어떻게 표현하고 싶은지 의견을 내기도 한다. 재료를 탐색하는 과정에서 직접 소리를 만들어 내는 것에 관심을 보이기도 한다. 신문지를 찢을 때 나는 소리, 비닐을 흔들 때 나는 소리, 공을 튕길 때 나는 소리, 재료를 부딪치면서 나는 소리 등을 들으면서 불괴물이 나오는 소리, 물요정이 비를 뿌리는 소리와 연결하며 다양한 소리 실험을 즐긴다.

핵심역량

심미적 감성 역량
- 감상하기: 음악의 리듬이나 높낮이, 크기 등의 변화에 집중하며 감상한다.
- 표현하기: 음악의 느낌을 여러 재료를 활용하여 다양하게 표현한다.

(2) 시각 이미지에 어울리는 음악 표현하기

문화문해교육 교수・학습 방법

관찰탐구/상상표현

음악의 느낌을 표현하면서 자신들이 만든 소리와 희망의 불꽃 장면을 연결하던 유아들은 이야기에 어울리는 음악을 만들기로 한다. 음악의 요소인 리듬과 멜로디를 자유롭게 탐색하고, 각자 만든 음악이 서로 조화를 이룰 수 있도록 협력하여 음악을 만들어 나간다.

희망의 불꽃을 보면서 장면과 소리를 연결하던 유아들은 시각 이미지나 움직임에 어울리는 소리를 만들기 위해 교실에 있던 악기를 여러 가지 방법으로 움직이거나 두드려 본다. 실내・외에서 찾은 다양한 물건을 활용하여 각 장면에 어울리는 소리를 만든다. 자신들이 만든 소리가 시각 이미지에 어울리는지 확인하기 위해 애니메이션의 음을 소거하고 시각 이미지만 보면서 소리를 찾아내기도 한다. 여러 날에 걸쳐 각자 소리 실험을 하던 유아들은 점차 친구들이 만들어 내는 소리에도 관심을 기울이면서 서로의 소리를 모아서 희망의 불꽃의 장면과 연결한다.

"지금은 큰 소리를 내야 해."
"그리고 아주 빠르게 하는 게 좋겠어."
"이렇게 두드리면 더 큰 소리가 나."
"요정이 힘이 빠져 있을 때는 조용조용 작고 부드러운 소리를 내야 해."

핵심역량

심미적 감성 역량
- 표현하기: 스토리의 맥락 속에서 시각 이미지에 어울리는 음악을 만든다.

공동체 역량
- 참여 및 소속감 갖기: 각자 만든 소리가 조화를 이룰 수 있도록 적극적으로 참여한다.

9) 등장인물 · 색 · 음악 연결하기

(1) 등장인물 · 색 · 음악을 연결하여 표현하기

문화문해교육 교수 · 학습 방법

상상표현

등장인물 · 색 · 음악의 각 상징요소를 연결하여 이야기를 상상하고 그 느낌을 표현한다.

음악을 들으면서 면도크림이나 밀가루 풀을 이용하여 손 그림으로 그 느낌을 표현하던 중, 비닐 위에 뿌려진 하얀색이 마치 희망의 불꽃의 첫 장면과 같다는 것을

"순록이 하얀 눈 위를 사뿐사뿐 걸어가고 있어. 그런데 두리번~ 두리번~ 누굴 찾고 있나 봐."

"화산이 터졌어. 빨리 도망가야 해. 휘익~ 휘익~ 빨리빨리 움직여."

"뜨거운 불 때문에 세상이 모두 까맣게 타 버렸어. 나무도, 물공주도, 예쁜 꽃도 전부 다 새까맣게 타서 사라져 버렸어."

"물공주가 하늘 위로 날아오르자 온 세상이 초록빛으로 변했어. 내 손이 물공주가 되어 날아오르고 있어."

발견한다. 음악의 변화에 따라 색이 바뀌는 것처럼 면도크림과 밀가루풀 색을 바꾸자는 의견에 따라 초록색, 빨간색, 검은색을 섞어 가며 손 그림을 그려 본다.

핵심역량	심미적 감성 역량 - 감상하기: 희망의 불꽃 음악을 감상한다. - 표현하기: 스토리 전개에 따른 음악의 변화를 색과 움직임으로 표현한다.

(2) 등장인물 · 색 · 음악을 연결한 게임판 만들기

문화문해교육 교수 · 학습 방법

관찰탐구/상상표현

유아들이 만든 그림을 이용하여 희망의 불꽃의 등장인물 · 색 · 음악의 상징이 담긴 게임판을 만들어 놀이한다.

손 그림으로 그린 그림이 마르자 유아들은 그 그림을 바닥에 깔고 희망의 불꽃 배경음악을 들으면서 놀이한다. 음악의 선율에 따라 어울리는 색 위에 올라서는 게임으로서, 음악이 변화하면 그에 어울리는 색으로 이동한다. 이동하는 과정에서 친구들과 마주치게 되면 가위바위보 게임을 하며 즐긴다. 놀이하던 중 바닥 종이가 찢어지기도 하고 미끄러지기도 한다. 이러한 문제점을 보완하기 위해 유아들은 그림에서 필요한 부분을 잘라서 커다란 게임판으로 재구성하여 놀이한다.

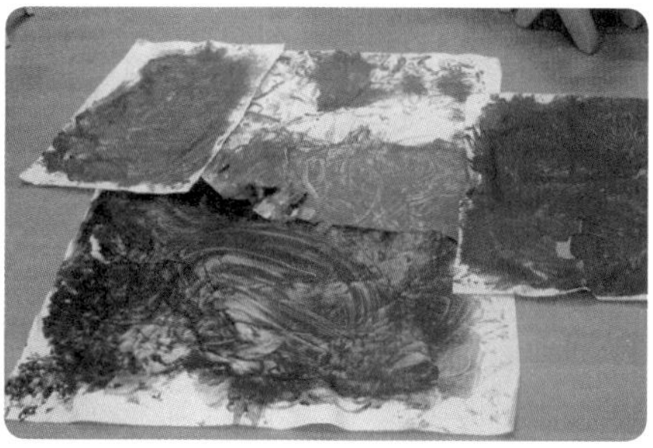

⇨

큰 게임판 위에서 게임을 하던 유아들은 보다 작은 게임판을 만들어 주사위게임을 하자고 제안한다. 작은 종이에도 큰 게임판처럼 이야기의 흐름에 따라 색깔 길을 만들고 등장인물을 배치한다. 등장인물 주사위를 만들어서 등장인물에 따라 전진하거나 후퇴하는 규칙을 정하여 놀이한다.

"처음에 고드름이 있는 동굴에서 출발하는 거야."
"화산을 지나야 하고, 마지막에 완전히 초록색 숲이 되는 곳으로 도착해야 해."
"중간에 빠른 길로 가면 무서운 불괴물을 만나지 않을 수도 있어."

"초록색 물요정은 2칸 갈 수 있고, 파란색 물요정은 힘이 세졌으니까 3칸 가는 것으로 하자."
"사슴이 물요정을 도와주니까 제일 세. 4칸을 갈 수 있어."
"불새는 숲을 다 태워 버렸으니까 한 번 쉬면 어때?"

핵심역량

의사소통 역량
- 이해하기: 등장인물의 역할과 색, 그리고 느낌을 종합하여 스토리를 해석한다.

창의적 사고 역량
- 합리적으로 사고하기: 논리적이고 합리적인 사고로 수놀이 게임을 계획하고 만든다.

10) 희망 이야기 만들기

문화문해교육 교수 · 학습 방법

상상표현/교류발전

지금까지 유아들이 경험했던 희망의 불꽃을 정리해 본다. 힘든 일에도 용기와 희망을 잃지 않는 물요정의 마음에 공감하면서 희망 이야기를 지어 본다.

유아들은 희망의 불꽃의 색과 음악을 탐색하고 등장인물이 되어 놀이하면서 각 등장인물의 생각과 감정에 공감하며 자신들이 느낀 감정을 덧붙여 평소 즐겨 부르던 노래의 노랫말을 희망의 불꽃 이야기로 바꿔 짓는다. 어느 원에서는 '물요정'이라고 이름 붙이던 등장인물을 만 5세반 유아들이 '물천사'로 부르며 다음과 같이 노랫말을 바꾼다.

[1절]
물천사는 물에서 만들어진 천사예요
물천사는 꽃과 나무를 사랑해요
물천사는 숲을 만드는 걸 정말 좋아해요
우리들은 물천사를 많이많이 사랑해요
[2절]
불독수리는 돌에서 깨어난 독수리예요
입에서 불을 뿜어내어서
꽃과 나무를 태워 버렸어요 너무 슬퍼요
불독수리는 물천사의 용기와 힘을 뺏어 갔어요
[3절]
착한 사슴은 물천사를 사랑으로 깨웠어요
착한 사슴이 용기와 힘을 주었어요
물천사는 용기가 생겨서 파도가 되었어요
물천사가 비를 내려 탄 숲이 아름답게 변했어요

희망의 불꽃에 대한 관심은 뒷이야기에 대한 상상으로 이어진다. 물요정, 사슴, 불새 등의 주요 등장인물의 뒷이야기뿐만 아니라 희망의 불꽃의 배경이 되는 숲과 산, 잠깐 등장했던 무당벌레, 나무, 나비 등도 어떻게 되었을지 관심을 갖고 상상한다. 지금까지의 이야기와 전혀 다른 새로운 스토리를 상상하기도 하고, 다시 겨울이 되어 물요정이 고드름이 되는 첫 장면으로 돌아갈 것 같다는 상상도 한다.

"숲 속 나무를 천장에 매달아 놓으니 모빌 같아. 빙글빙글 돌아가지."
"숲 속의 나무는 처음에는 눈에 덮여 있다가 잎이 나고 꽃이 많이 피었다가 다시 꽃이 다 없어졌어. 그럼 그다음에는 다시 잎이 나고 꽃이 필 것 같아."

"산은 처음에는 눈으로 가득 덮여서 하얀색이었어. 그러다가 물요정이 초록 숲으로 만들었는데, 화산 때문에 검게 타 버렸어. 그다음에는 다시 초록 숲으로 변했어."
"맞아. 더 큰 나무를 만들었어."
"그럼 다음에는 다시 하얀 산이 되는 건가?"

유아들은 희망의 불꽃 뒷이야기를 상상하여 이야기와 제목을 짓는다. 유아들에게 처음부터 애니메이션의 제목을 언급하지 않았기 때문에 제목에 대한 관심은 지속된다. 그러나 한 번에 정하기보다는 또 다른 제목이 생각나면 언제든 적을 수 있는 공간을 마련하여 생각날 때마다 자유롭게 기록한다. 주인공 이름만으로 제목을 짓던 초기와는 달리, 후기에는 희망의 불꽃이 전하는 용기와 희망을 담은 제목을 만들어 낸다.

〈초기〉
- 사슴과 물신
- 불새와 물새
- 사슴과 예쁜 요정과 무서운 용

〈후기〉
- 행복한 이야기
- 다시 태어난 자연
- 아름다움의 빛
- 아름다운 숲
- 희망을 잃지 않는 요정

핵심역량

심미적 감성 역량
- 표현하기: 영상의 이야기와 뒷이야기를 음악과 미술로 표현한다.
- 삶의 질 추구하기: 희망의 불꽃이 담고 있는 자연의 순환과 희망의 의미를 이해한다.

의사소통 역량
- 의미 구성하기: 맥락을 파악하며 이야기의 흐름에 따라 뒷이야기를 구성한다.

공동체 역량
- 자연과 통합하기: 등장인물(자연)들 간의 관계에 관심을 갖고 자연의 순환을 이해한다.

협력과 성장: 함께 해결해요

문화문해교육을 부모참여수업과 연계할 수 있나요?

익숙했던 이야기가 이렇게 재미있는 활동으로 경험될 수 있다는 것에 놀랐다는 말씀도 하셨어요. 단순한 책 한 권, 영상 하나인데 여기서 나오는 활동이 매우 다양하다는 것을 이해하게 되었고, 특히 우리 유치원은 '인성교육'에 주력하고 있는데 이번 기회에 그것을 실제로 보여 주는 계기가 되어 매우 의미 있는 부모참여수업이 되었습니다. 각 활동마다 그것이 어떤 의미를 가지는 것인지 부모님께 설명해 드렸던 것이 도움이 되었어요.

햇님유치원 원감

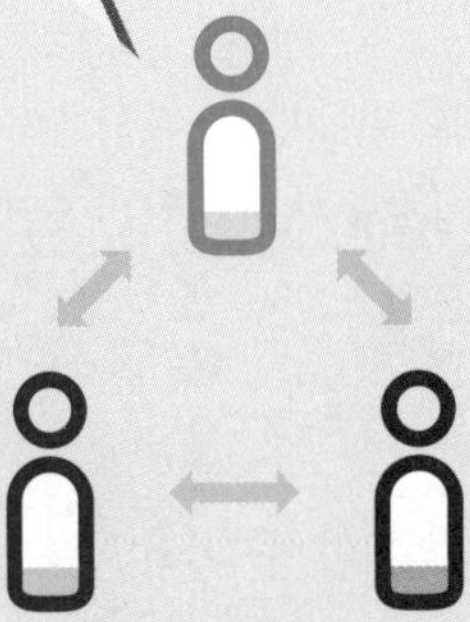

우리 반에서 전개되고 있는 활동을 놓치지 않고 그것과 연계하여 부모님들을 참여시키고 싶은데 어떤 방법이 좋을지 모르겠어요. 지금 우리 아이들은 이야기의 배경공간을 만들고 놀이하는 데 빠져서 지내고 있습니다.

햇님유치원 4세반 장 교사

환경을 만들어 나가다가 부모님의 도움을 얻어 구성해 나가면 더 튼튼하고 유용한 공간을 만들어 나갈 수 있을 거예요. 우리 엄마 · 아빠와 함께 만든 공간에서 놀이가 이루어지면 아이들에게 더 의미 있는 공간이 될 수 있습니다. 아이들이 설계도를 만들어 놓고 기초 작업을 하는 과정에서 어려운 부분은 부모참여수업을 이용하여 부모님의 도움을 받도록 하면, 진행되고 있는 활동의 연장선상에서 부모참여수업이 이루어지게 되어 더 의미 있는 활동이 될 수 있습니다.

저자

11) 사슴처럼 사랑 나누기

(1) 사슴의 의미 탐구하기

문화문해교육 교수 · 학습 방법

감상놀이/관찰탐구

등장인물이 되어 놀이하는 과정에서 도움을 주는 사슴의 역할에 관심을 가지게 되고, 사슴이 등장하는 이야기를 수집하고 비교하면서 사슴이 상징하는 의미를 이해한다.

희망의 불꽃에서 사슴은 물요정을 도와주는 역할로 등장한다. 사슴 역할을 맡은 유아들도 물요정을 깨우거나 등에 태워 주고, 물요정이 어려움에 처할 때마다 도움을 준다. 역할놀이를 위해 놀이 공간을 만들거나 구성물을 만드는 과정에서도 유아들은 물요정 옆에 항상 사슴을 만들어 놓는다.

"사슴이 동굴 속의 물요정에게 입김을 불어서 깨어나게 해 줬어."

"재가 된 물요정을 태우고 숲 속을 걸어가고 있는 거야."

유아들은 물요정이 처음 태어날 때나 재가 되어 쓰러져 힘들 때면 언제나 사슴의 뿔을 잡고 등에 올라타는 모습을 표현한다. 만약 다른 동물이라면 뿔이 없어서 물요정을 도와주지 못할 것이라고 상상하기도 한다. 놀이가 진행되면서 '사슴은 왜 물요정을 도와줄까?' '만약 다른 동물이라면 어떤 동물이 사슴을 대신할 수 있을까?' '사슴은 항상 누군가를 도와줄까?' 등을 궁금해한다. 궁금증을 가지고 사슴이 나오는 또 다른 이야기에서는 사슴이 어떤 일을 하는지 알아본다. 유아들은 사슴이 나오는 그림책을 모아서 사슴의 생김새, 사슴이 하는 일 등을 서로 비교하며 공통점과 차이점을 찾는다.

『희망의 불꽃』	『선녀와 나무꾼』	『꽃사슴』	『산타클로스의 방울』
입김을 불어서 물요정을 깨어나게 해 주고 물요정이 불타서 아플 때 등에 태워 주고 보살펴 준다.	나무꾼의 소원을 들어주고, 나무꾼이 하늘로 올라갈 수 있게 알려 준다.	숲 속 동물 친구들을 불길에서 구해 준다.	사람들에게 선물을 주어서 기쁘게 해 준다.
⇨ • 사슴은 마음이 착하고 다른 사람을 도와줘요. • 사슴은 어려운 일이나 위험한 일이 생기면 구해 줘요.			

핵심역량

지식정보처리 역량
- 문제 · 과제 인식하기: 이야기 속에서의 사슴 역할에 대해 관심을 갖는다.
- 해결책 탐색하기: 사슴이 등장하는 이야기를 수집하여 공통점을 조사한다.
- 해결 및 평가하기: 사슴이 등장하는 이야기를 통해 사슴의 역할을 인식한다.

심미적 감성 역량
- 삶의 질 추구하기: 희망의 불꽃에 등장하는 사슴의 의미를 이해한다.

(2) 함께 사랑 나누기

문화문해교육 교수 · 학습 방법

상상표현/교류발전

희망의 불꽃에서 도움을 주는 사슴과 같이 자신들에게 도움을 주는 사람들을 떠올리며 고마움을 갖는다. 더 나아가 스스로 주변 사람들을 돕고 배려하며 자랑스러움을 느낀다.

사슴이 누군가를 도와주는 역할을 많이 한다는 것을 알게 되면서 아빠, 엄마도 우리를 도와주는 사슴 같다고 이야기한다. 나에게 사슴 같은 사람은 누구인지 찾아보고 도표로 정리한다.

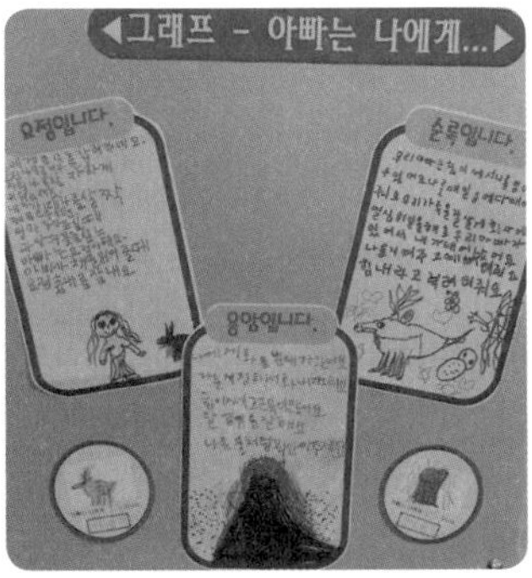

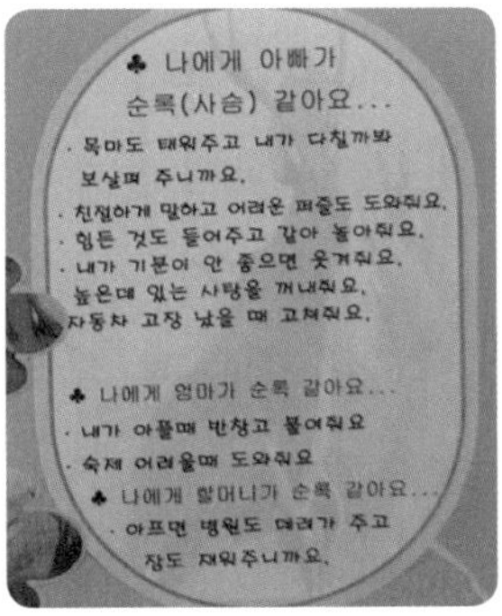

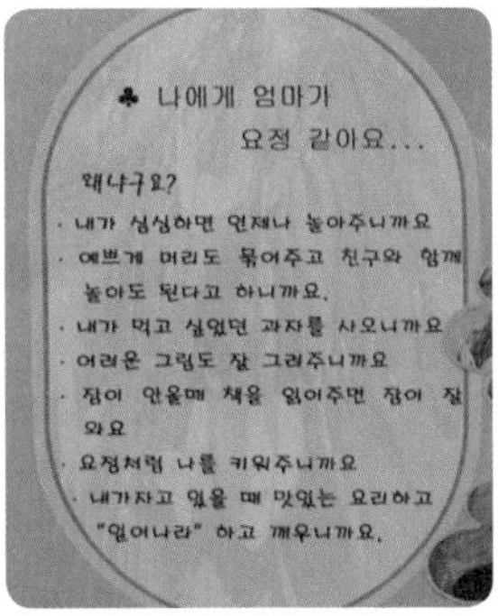

"나에게는 아빠가 사슴 같아요. 목마도 태워 주고 내가 다칠까 봐 보살펴 주셔요."
"우리 아빠는 자동차가 고장 났을 때 고쳐 줘요. 힘든 것도 들어 주고 같이 놀아 줘요. 사슴이 요정을 도와주는 것처럼요."
"나에게는 엄마가 사슴 같아요. 내가 아플 때 반창고 붙여 줘요. 숙제 어려울 때 도와줘요."
"우리 엄마는 친절하게 말하고 어려운 퍼즐도 도와줘요. 그래서 사슴이랑 똑같아요."
"나에게는 할머니가 사슴 같아요. 내가 아프면 병원에 데려다 줘요. 잠을 재워 줘요."

부모님뿐만 아니라 유치원과 어린이집 또는 주변 사람들에게도 관심을 가지고 사슴과 같은 사람들을 찾아본다. 놀이할 때, 놀잇감을 정리할 때, 간식이나 식사를 할 때 등 일상에서 친구를 도와주거나 기다려 주기도 한다. "내가 ○○(이)를 도와주고, ○○(이)가 또 ○○(이)를 도와주고……."라며 자신들의 행동을 자랑스럽게 선생님과 친구들에게 이야기한다.

교실에 사랑의 나무를 만들어 사랑의 꽃을 붙여 보자는 의견에 따라 사랑의 나무를 만든다. 사슴 같은 친구를 발견할 때 사랑의 나무에 꽃을 붙여 나간다. 유아들은 그 나무를 '사슴 나무'라고 부른다.

"겨울 나무가 봄 나무가 되어 가는 중이야."
"봄 나무가 되려면 우리가 사슴이 되어야 해."
"사슴의 마음은 사랑이 가득 차 있어서 따뜻해."
"그래서 따뜻한 봄이 되면 나무에 꽃이 피는 거지."
"꽃이 많아지는 건 우리 교실에 사슴이 많아진다는 뜻이야."
"그럼 이 나무의 이름은 '사슴 나무'라고 지을까?"

핵심역량	공동체 역량 - 상호존중하기: 친구들을 돕고 서로 아껴 준다. 자기관리 역량 - 자아정체성 갖기: 다른 사람을 기다리고 도와주는 행동을 실천하며 긍정적 자아개념을 갖는다. 심미적 감성 역량 - 삶의 질 추구하기: 주변에 자신을 도와주는 사람이 있음을 인식하며 정서적 안정감을 갖는다.

이와 같은 활동상황을 일일교육실행서로 제시하면 다음과 같다.

일일교육실행서

놀이주제	사슴처럼 사랑 나누기
날짜	년 월 일 요일
일과 시간표	* 유치원이나 어린이집의 하루 일과를 간단히 기록
놀이 이야기 (영유아행동 관찰)	친구와 손잡고 등원한 지영이가 "내가 사슴처럼 영미 옷 거는 거 도와줬어요."라고 이야기하며 교실에 들어온다. 교사는 유아의 이야기에 "지영이가 옷 거는 것을 도와줬구나. 기분이 좋아 보이네."라고 대답한다. 자유놀이 시간에 친구가 정리하는 것을 도와주었다고 이야기하고, 간식을 먹을 때는 친구가 다 먹을 때까지 기다려 주었다는 이야기도 하며, 서로 도와주거나 기다려 준 것에 대해 교사와 친구들에게 이야기한다.  바깥 놀이터에 나가기 위해 옷을 입을 때에 남훈이가 선생님에게 지퍼 올리는 것을 도와달라고 요청하자, 동민이가 "내가 도와줄게."라며 지퍼 잠그는 것을 도와준다. 교사가 유아들끼리 서로 돕는 모습을 사진으로 찍어 전시하자, 유아들은 사진을 보며 사진을 직접 찍어 보고 싶다고 이야기한다.
영유아 문화문해	• 친구를 도와줄 수 있는 방법을 찾고 그것을 실천하며 자랑스러움을 느낀다. • 교실 안에서 친구들끼리 서로 돕는 모습을 찾아보고 싶어 한다.
문화문해 과정	• 공동체 역량 - 상호존중하기: 친구들이 필요로 하는 것이 무엇인지 알고 서로 돕는다. • 통합실천 - 교사가 일상에서 유아들의 말과 행동에 주의를 기울이고 긍정적으로 피드백을 하는 과정에서 유아들은 스스로 자신의 말과 행동에 주의를 기울이고 있다.
추후 계획	• 통합실천 - 일상에서 보이는 사랑의 행동을 찾아서 기록 및 전시하기 - 유아들이 스스로 기록할 수 있는 방법(사진 찍기 등)에 대해 토의하기

3. '희망의 불꽃' 프로그램 적용 후기

처음 희망의 불꽃을 만났던 유아들의 반응은 모두 제각각이었다. 애니메이션을 재미있게 살펴보는 유아도 있었고, 등장인물의 모습을 그대로 흉내 내며 음악을 즐기는 유아도 있었다. 반면, 갑작스럽게 크게 들려오는 음악소리와 빨간 화산을 무서워하여 한동안 희망의 불꽃을 보지 않으려고 하는 유아도 있었다. 이렇게 각기 다른 반응을 보이던 유아들이 차츰 희망의 불꽃 속으로 빠져들면서 이야기를 상상하고 놀이하며 탐구해 나갔다. 등장인물의 움직임을 흉내 내면서 그들의 생각과 감정을 읽어 내기 시작하였고, 자연스럽게 색과 음악의 흐름과 연결시켰다.

긴 시간 동안 희망의 불꽃과 함께한 유아들은 물요정이 다시 부활하여 온 세상을 초록빛으로 만들었듯이 자신도 힘들고 어려운 일을 극복하고 이겨 낼 수 있다는 희망과 믿음을 가지게 되었다. 또한 어느새 유아 자신도 사슴처럼 주변을 살피며 사랑의 마음으로 주변 사람들을 배려하고 서로 도움을 주고받았다.

이처럼 '희망의 불꽃' 프로그램을 통해 유아들은 자연의 순환 속에서 희망을 느끼고, 사랑의 마음을 나누며 살아가는 삶의 가치를 이해하고 실천하게 되었다.

1) 자연의 순환 속에서 용기와 희망 가지기

희망의 불꽃은 차가운 동굴 속에서 사슴의 따뜻한 입김으로 생명이 탄생하는 것에서 시작된다. 그리고 잠자고 있던 화산이 폭발하여 모든 것이 불에 타서 소멸하지만, 희망을 잃지 않고 사슴의 도움으로 다시 부활한다. 이것은 탄생과 소멸 그리고 재탄생으로 순환되는 자연의 섭리이다. 유아들은 희망의 불꽃에서 읽어 낸 이러한 삶의 의미를 일상에서 드러내고 실천한다. 이제까지 하지 못했던 일들을 용기 있게 실천하고, 친구들도 용기를 가지고 행동할 수 있도록 사슴이 되어 지지하고 격려해 준다. 또한 자신이 만들고자 했던 동굴과 사슴이 무너지고 망가져도 포기하지 않고 다시 만들어 낼 수 있다는 희망으로 도전하여 완성하며 뿌듯함을 느낀다. 자신을 돌봐 주고 보살펴 주는 부모님을 사슴과 같은 존재로 여기고 감사의 마음을 표현하는 아이들에게 부모들은 감동하여 눈물을 보였다.

유아들은 희망의 불꽃을 문해하면서 물요정과 사슴 그리고 불새의 의미를 이해해 나갔다. 유아의 일상에서 생명을 탄생시키고 성장하게 하는 물요정과 같은 사람, 내가 힘들 때 나를 도와주고 일으켜 세워 주는 사슴과 같은 사람, 때로는 나를 힘들게 하고 절망하게 하는 불새와 같은 상황을 찾아낸다. 그리고 좌절과 절망 속에서도 포기하지 않고 해낼 수 있으리라는 믿음과 희망으로 용기 있게 도전하며 한 층 더 성장해 나간다.

2) 사랑의 마음 나누기

희망의 불꽃을 보면, 곳곳에서 사랑을 느낄 수 있다. 차가운 동굴 속에서 물요정을 깨어나게 하는 사슴의 입김, 물을 뿌리며 꽃과 나무를 성장시키는 물요정의 몸짓, 기운을 잃고 쓰러진 요정을 일으키는 사슴의 입김과 몸짓, 그리고 다시 힘을 얻어 들판에 물을 뿌리며 생명을 성장시키는 요정의 힘찬 몸짓과 표정은 시청자들에게 사랑의 마음을 충분히 전해 주고 있다. 유아들은 희망의 불꽃을 놀이하고 탐구하고 상상하며 표현하는 동안 애니메이션 곳곳에 숨어 있는 사랑의 마음을 읽어 내고 사랑의 힘을 느낀다.

유아들은 자신의 주변을 살피며 사랑의 마음을 가진 사람들을 찾아내고, 사랑의 마음으로 실천할 수 있는 일이 무엇인지 알아낸다. 도움이 필요한 친구 도와주기, 친구가 용기를 내도록 격려하기, 정성스럽게 꽃과 나무 키우기, 강아지를 정성스럽게 돌보기, 물요정 같은 엄마와 사슴 같은 아빠에게 감사의 마음을 전하기 등을 실천하면서 유아들은 사랑 가득한 세상에서 살아가고 있음을 느끼고, 자신 또한 그 사랑을 베풀면서 살아가야 함을 알게 되었다. 사랑하며 살아가야 한다고 가르치지 않아도, 강요하지 않아도 유아들은 희망의 불꽃을 통해 자연스럽게 느끼고 알고 실천하고 있다.

모든 진정한 교육은 경험에서 나온다는 듀이(Dewey)의 말처럼 유아들은 희망의 불꽃이라는 짧은 애니메이션으로 생멸이 순환하는 자연의 섭리와 삶에 대한 희망, 사랑이 무엇인지, 어떻게 실천하는지 경험할 수 있었다. 수준 높은 문화예술 교육매체로 경험한 삶의 가치는 앞으로 유아가 살아가는 데 큰 힘이 되어 줄 것이라 믿으며 '희망의 불꽃' 프로그램을 마무리한다.

수업 후기

해가 바뀌어도 늘 똑같은 방법으로 똑같은 수업을 하고 있는 우리 선생님들에게 변화가 필요했습니다. 아시다시피 점차 아이들은 줄어들고 원아모집도 예전과 같지 않아서 유치원 운영도 쉽지 않아요. 그러던 중 문화문해교육을 접하고 '바로 이거다!'라는 생각을 했습니다. 교육은 앞으로 나아가야 하는데 늘 제자리걸음을 하고 있어서 돌파구를 찾지 못했었지요. 실제로 문화문해교육을 실행해 보니 가장 변화된 것은 각 교실 하나하나가 모두 살아 있다는 것입니다.

희망의 불꽃을 5개의 반이 모두 똑같이 감상하였는데, 아이들을 중심으로 놀이를 풀어 나가니 점차 각 반의 특색이 드러났습니다. 저도 '희망의 불꽃' 프로그램을 진행하는 동안 무척 재미있었습니다. 각 반에서 예전에는 상상할 수 없는 일들이 일어났지요. 어느 반은 하루 종일 교사와 유아들이 음악에 심취해서 뛰어다니고, 어느 반은 역할놀이에 빠져서 너무 바쁘게 하루를 지냈어요. 그런데 예전처럼 교사에게 끌려가는 것이 아니라 아이들 스스로 신이 나서 찾아보고 준비하고 만들어 나가는 것이 눈에 보였습니다.

부모님들이 그야말로 우리 아이가 달라졌다며 반응을 보이기 시작했고, 그러니까 선생님들은 더 힘이 나고……. 아이들의 생각을 따라가며 하나라도 더 지원해 주고 도와주려고 선생님들이 저에게 도움도 많이 요청했습니다. 덕분에 부모참여수업도 문화문해교육의 맥락에서 색다르게 진행할 수 있었습니다. 특별한 행사를 치르느라 선생님들이 늦은 밤까지 남아서 준비하지 않아도 되었고, 부모님들도 직접 오셔서 교실을 보고 같이 활동하면서 문화문해교육이 어떤 것인지 알게 되었어요. 그런 부모님의 반응은 바로 내년도 원아모집으로 이어졌습니다. 거의 모두 재원 신청서를 냈어요. 갈수록 줄어드는 아이들 때문에 걱정이 많았는데, 문화문해교육 덕분에 부모님들이 많이 찾아 주셔서 너무 다행스러워요. 앞으로도 계속 문화문해교육을 할 예정입니다. 교육은 이렇게 교사와 아이가 모두 신나야 해요. 이게 바로 창의성교육이지요. 교사가 가르쳐서 되는 일이 아니라고 생각합니다.

– 무지개유치원 원장 –

처음 희망의 불꽃을 보고, 이것을 아이들과 어떻게 풀어 가야 하나 고민이 많았습니다. 해보지 못한 것이었기 때문에 처음에는 막막한 느낌이었어요. 그래서 우선 내가 많이 봐야겠다고 생각하고 영상을 보고 또 보고 또 봤습니다. 자꾸 보다 보니까 정말 처음에 보지 못했던 것들이 보이기 시작했어요. "아~ 풍뎅이도 나왔었네?" "사슴이 나올 때는 음악이 변하는구나." "요정의 모습이 달라졌어."와 같이 하나씩 하나씩 더 많은 것이 보였습니다. 그러면서 아이들에게도 많이 보여 주어야겠다는 생각이 들었어요. 보다 보면 나처럼 더 많은 것을 영상에서 찾아낼 수 있을 거라 생각했어요. 그래서 그냥 아이들이 놀이할 때 음악도 많이 들려주었고, 영상도 그냥 늘 틀어 놨어요. 아이들이 보든 안 보든 오며 가며 보고 들을 수 있게요.

그랬더니 어느 순간부터 아이들이 흉내를 내기 시작하고 이야기를 상상하기 시작했어요. 그래서 이야기를 만들 수 있게 도와주었고, 역할놀이를 할 수 있게 소품을 조금씩 주기 시작했어요. 그러다 보니 이렇게 화산도 만들고 동굴도 만들고, 이제는 이렇게 음악극까지 하게 되었습니다. 예전처럼 행사를 위해서 아이들이 동극하고 노래극하는 것을 연습시키지 않아도 되었고, 자연스럽게 아이들을 따라가다 보니 여기까지 오게 된 것 같습니다.

희망의 불꽃을 보고 놀이하면서 아이들이 이런 말들을 많이 했어요. "물요정처럼~" "사슴처럼~" "불새처럼~" 그런데 자세히 들어 보니 바로 그것이 아이들이 읽어 낸 등장인물이 나타내는 상징의 의미였어요. "너는 물요정처럼 꽃에 물을 주고 있구나. 금방 꽃이 피겠는데?" "우리 아빠는 사슴이야. 사슴처럼 나를 업어 주고 도와주시거든." 이렇게 말하더라구요. 너무 신기했어요.

솔직히 제가 계획해서 수업할 때보다 힘들었어요. 그런데 더 재미있었어요. 아이들의 반응이 신기했고, 저한테 무엇인가를 해 달라고 끊임없이 요구했어요. 하다 보니 아이들은 스스로에게 무엇이 필요한지 알게 된 것이지요. 그런데 어느 순간 저에게 의지하지 않고 스스로 구하러 다니기도 했어요. 부모님께 도움을 청하기도 하고, 원장 선생님께 자신들이 만든 사계절 나무를 천장에 매달아 달라고 부탁하기도 했어요.

이제는 아침에 출근할 때 늘 기대가 됩니다. 오늘 우리 아이들은 또 어떤 이야기를 펼쳐 나갈까 궁금해지기도 하고, 도대체 어떻게 아이들은 끊임없이 새로운 놀이를 상상하며 펼쳐 나가는지, 그 원동력은 무엇인지 알고 싶어집니다. 정말 능력 있는 아이들이지요. 저런 아이들을 그동안 꽉꽉 막힌 틀 안에 가두어 놓았다는 반성도 많이 했어요. 문화문해교육을 진행하면서 아이들의 마음을 읽어 내는 교사가 되고 있다는 설렘도 처음 느껴 보았습니다. 진짜 선생님이 되어 가고 있는 건가요?

– 하늘유치원 3세반 황 교사 –

제2장

'의좋은 형제' 프로그램

1. 『의좋은 형제』 분석하기
2. '의좋은 형제' 프로그램 실행하기
3. '의좋은 형제' 프로그램 적용 후기

1. 『의좋은 형제』 분석하기

『의좋은 형제』는 조선시대 세종 때 세워진 '이성만 · 이순 형제의 효제비'에 얽힌 실화를 바탕으로 한다. 충청남도 예산의 의좋은 형제 효제비는 충남유형문화재 제102호로 지정되어 있으며, 부모에 대한 지극한 효성과 형제 간의 우애를 널리 알리고 있다.

일제강점기인 1934년 『보통학교 조선어 독본』에 수록된 이래로 제1차 교육과정(1955~1963년)부터 제6차 교육과정(1992~1997년)까지 약 70년 동안 한국의 교과서에 지속적으로 인용되면서 이미 그 교육적 가치는 입증되었다. 전래동화에 흔히 등장하는 선악의 개념이나 권선징악의 내용이 없으며, 사랑과 우애가 가득한 따뜻한 형제의 이야기로 인성적 가치가 매우 높은 작품이다.

그림 출처: 중앙일보(2013).

1) 문화예술 교육매체의 질 기준 적용하기

수많은 전래동화 중에서 왜 『의좋은 형제』가 문화예술 교육매체로 선정되었을까요?
작품 선정의 기준을 살펴보세요.

『의좋은 형제』의 교육적 가치는 이미 70년 동안 교과서에 인용된 사실만으로도 충분히 인정받고 있다. 이러한 이유로 『의좋은 형제』 이야기는 다양한 그림책으로 제작되어 읽혀지고 있다. 문화예술 교육매체의 선정 기준에 따라 『의좋은 형제』 그림책을 선정한 이유를 분석해 보면 〈표 2-1〉과 같다.

〈표 2-1〉 문화예술 교육매체의 질 기준 적용

특성	질 기준	적용
문학성	• 말이나 글이 적절한가? - 자음과 모음, 음소, 음절, 형태소, 단어, 어휘, 구, 절, 문장 등 - 반복적, 리듬, 풍부한 어휘와 묘사, 모국어의 미, 대화체 등 • 좋은 이야기로 이루어져 있는가? - 이야기 원형의 아름다움, 시대, 인종, 문화를 초월한 보편적 진리 등 - 인물, 사건, 배경, 구성 등 - 이야기 구성의 단순성, 명확성, 안정성 등 - 짜임새 있는 구조 등 - 내러티브 특성의 연속성, 관계성, 변화성 등 - 우의성(어떤 의미를 직접 말하지 않고 빗대어 넌지시 비춤) 등	- 시각매체로서 풍부한 어휘를 사용하여 한글의 아름다움을 느낄 수 있으며, 설명과 대화체가 조화를 이루고 있다. - 이야기가 기승전결로 짜임새 있게 구성되어 있으며, 평범한 일상에서 느낄 수 있는 재미와 우의성이 있다. - 계절에 따라 연속적으로 전개되는 이야기 속에서 극적 반전으로 신선함을 느낄 수 있다. - 이야기가 연속적이고 관계적이며 변화가 있어서 재미와 흥미를 느낄 수 있다. - 인간 삶에서 가장 원초적인 아름다움인 '사랑'을 주제로 하고 있어서 시대를 초월한 보편적 진리를 전하고 있다.
예술성	• 글과 그림의 관계가 조화로운가? - 통일성(일치성), 조화성, 보완성 등 • 시각 · 공간 이미지가 아름답고 조화로운가? - 시각 이미지(점, 선, 면, 형, 색, 질감, 공간, 여백 등) - 조화(균형, 강조, 비례, 움직임, 리듬, 반복, 패턴, 조화와 통일 등)	- 글과 그림이 산만하지 않고 서로 조화를 이루며 통일성 있게 의미를 전달하고 있다. - 시각매체로서 그림이 간결하고 한국 전통의 이미지가 느껴지는 그림책이다. - 그림의 선이 부드럽고 그림에서 질감이 느껴지며, 공간과 여백이 있어 조화롭고 아름답다.
교육성	• 영유아의 발달에 적합한 내용인가? - 영유아의 연령에 적합한 이야기의 길이, 주제 및 구조의 복잡성 정도 등 - 영유아가 일상에서 경험할 수 있는 친숙한 소재, 공감, 동일시 등 • 영유아가 재미있어하는가? - 상상을 유발하는 신선한 이야기가 담긴 상상, 판타지, 모험 등의 이야기 등 - 영유아 개인의 흥미와 관심사에 적합한 재미, 몰입, 즐거움, 동기화 등 • 영유아에게 긍정적 영향을 주는 가치가 있는 것인가? - 다양한 생활소재를 반영한 문화 이해 및 수용의 포함 등	- 주제, 인물, 사건, 배경이 있으며, 유아가 이해하기에 적합하게 이야기가 단순화고 명확하며 안정성이 있다. - 의좋은 형제의 삶이 유아의 삶과 연관되어 나눔과 배려 등 바른 생각과 가치관을 가질 수 있는 작품이다. - 유아가 흥미를 갖는 친숙한 동식물이 등장하며, 일상의 경험과도 연계되어 있어서 공감과 동일시가 가능하다. - 우리말의 재미를 느끼고 전래동화를 즐기는 4~5세 유아의 특성을 반영하고 있으며, 개별 유아가 흥미롭게 이야기에 몰입할 수 있는 작품이다.

	- 바른 생각, 가치관, 분별력, 세계관 등 - 가치 있는 주제 등 - 상상력과 창의적 사고의 자극 등 - 직접 경험의 촉진, 간접 경험의 효과 등 - 고정관념 탈피 등 - 보편적 가치와 감성과 관련한 자유, 존중, 공감, 헌신, 성장, 사랑, 희망 등 - 국가 영유아 교육과정의 목적 및 목표와의 연계 등	- 4~5세 유아에게 필요한 기본 개념을 습득할 수 있고 창의적인 탐구가 가능하다. - 삶의 전반에서 고정관념을 벗어나고 편견을 조장하지 않는 작품이다. - 계절의 변화가 주는 아름다움, 나눔과 배려, 공감과 소통, 일상의 소중함을 느낄 수 있는 작품으로 국가수준 교육·보육과정의 목적과 목표에 연계되어 있다.

2) 상징 분석하기

『의좋은 형제』는 우리에게 어떤 삶의 가치와 의미를 전하고 있을까요?

(1) 등장인물 및 줄거리

『의좋은 형제』가 담고 있는 상징의 의미를 이해하기 위해서 먼저 등장인물과 줄거리를 파악해야 한다. 이야기에는 형과 아우, 아내들을 비롯하여 보름달, 부엉이, 허수아비, 강아지, 제비, 개구리와 미꾸리 등이 등장하며, 이들을 중심으로 일련의 사건이 전개되고 있다([그림 2-1] 참조).

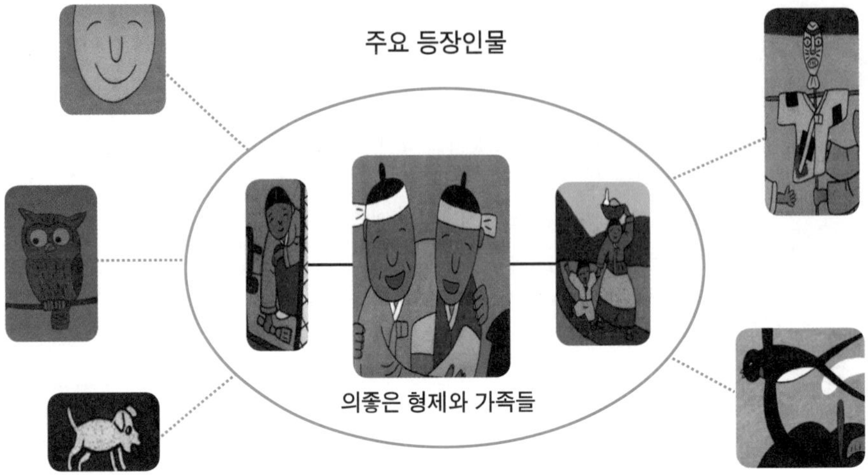

[그림 2-1] 『의좋은 형제』의 주요 등장인물

출처: 이현주(2006).

『의좋은 형제』의 줄거리를 기-승-전-결의 이야기의 흐름으로 살펴보면 [그림 2-2] 와 같다.

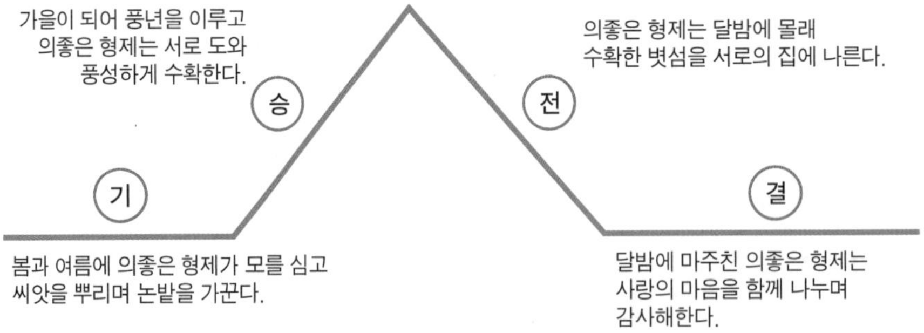

[그림 2-2] 『의좋은 형제』 이야기의 흐름

옛날 어느 마을에 사이좋은 형제가 살고 있었다. 형과 아우는 각자 가정을 이루고 살아가지만 언제나 즐겁게 서로 도우며 농사를 짓는다. 봄에는 함께 모내기를 하고, 여름에는 나란히 잡초를 뽑으며 논과 밭을 가꾼다. 가을이 되자 형제는 논에 허수아비를 세우고 벼를 가꾸어 풍년을 맞는다. 온 가족은 서로 도와 벼를

베고 높이 쌓인 낟가리를 보며 뿌듯해한다. 형과 아우는 밤새 아내와 의논하여 서로의 형편을 살펴서 자신의 볏단을 나누어 주기로 결정한다. 깜깜한 밤에 몰래 볏단을 서로의 논에 옮겨 놓지만, 다음 날 아침 여전히 줄지 않는 볏단을 보고 형과 아우는 의아해한다. 다음 날 다시 볏단을 옮겨 보지만 역시 결과는 마찬가지였다. 보름달이 환히 비치는 날 밤, 형과 아우는 서로의 논에 볏단을 나르다가 우연히 마주치게 되고, 비로소 자신의 볏단이 줄지 않은 이유를 깨닫게 된다. 형제는 서로 부둥켜안고 서로의 마음에 감동하며 감사해한다.

(2) 상징 분석

『의좋은 형제』에는 봄과 여름에 땀 흘려 일하며 열심히 논밭을 가꾸고 가을에는 풍성하게 거두어 서로 나누는 삶을 살아가는 형제의 삶이 드러난다([그림 2-3] 참조).

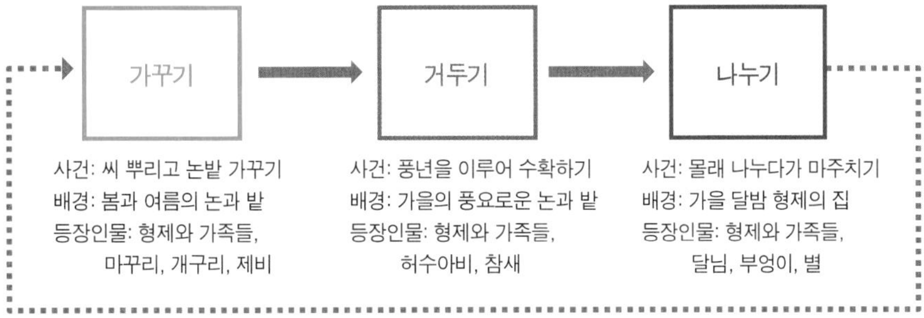

[그림 2-3] 『의좋은 형제』의 일상생활 순환도

[그림 2-3]에서 보는 바와 같이, 의좋은 형제의 일상은 사계절의 변화와 함께 가꾸고 거두고 나누는 삶의 순환이다. 사계절 땀 흘려 열심히 일하는 형제의 삶에서 일상생활의 소중함을 느낄 수 있고, 서로의 마음에 공감하고 소통하며 남몰래 나눔과 배려를 실천하고 있는 삶의 가치와 의미를 발견할 수 있다([그림 2-4] 참조).

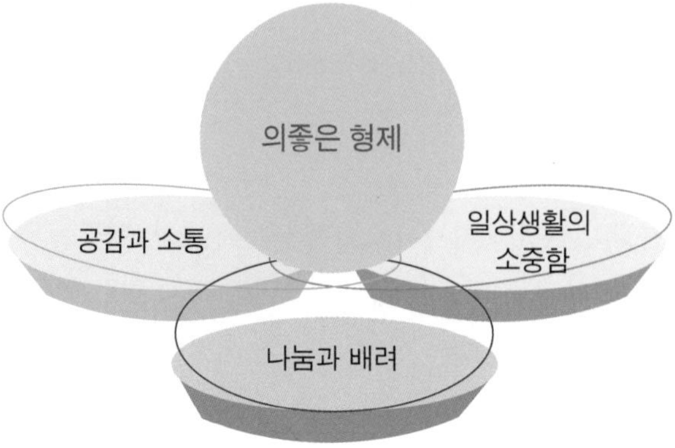

[그림 2-4] 『의좋은 형제』의 상징 분석

① 공감과 소통

의좋은 형제는 어떻게 서로 사이좋게 살아갈 수 있었을까요?

21세기 정보사회에 들어서면서 가장 많이 거론되고 있는 단어가 바로 '공감'과 '소통'이다. 『의좋은 형제』는 '따로 또 같이'라는 전형적인 우리 삶의 방식을 통해 공감과 소통이 어떻게 이루어지고 있는지 잘 보여 주고 있다. 함께 자란 형제는 각자의 가정을 꾸리며 따로 살아가지만 따뜻한 형제애로 연결되어 서로 믿고 의지하며 사이좋게 살아간다. 이처럼 '따로 또 같이' 살아가면서 공감하고 소통하는 모습은 형과 아우의 관계에서 시작하여 부부의 관계로, 이웃으로, 그리고 더 나아가 인간과 자연의 관계까지 확대되어 나타난다. 형과 아우가, 두 부부가, 형제의 마을 사람들이, 그리고 자연이 각자의 위치에서 자신의 역할을 충실히 행하면서 서로 공감하고 소통하였기에 풍년을 이루고 자신의 가장 소중한 것을 함께 나누며 살아갈 수 있었던 것이다([그림 2-5] 참조).

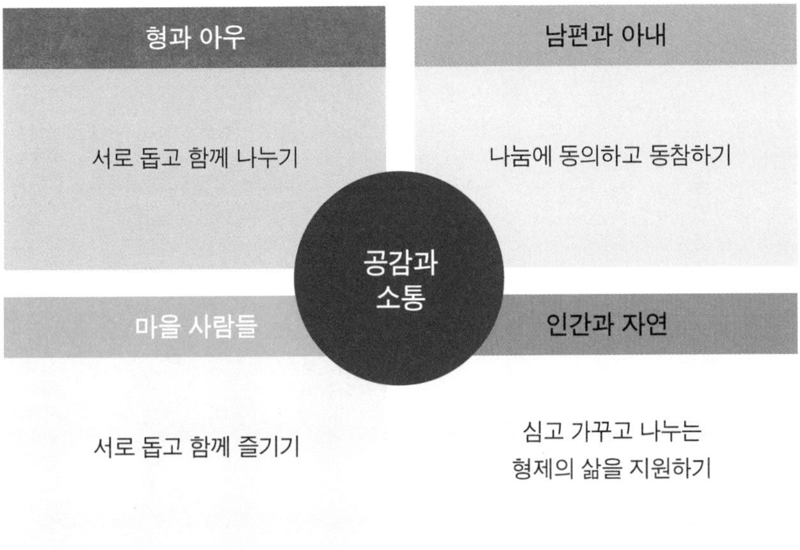

[그림 2-5] 공감과 소통: 따로 또 같이

② 나눔과 배려

의좋은 형제는 왜 '깜깜한 밤'에 볏단을 나누었을까요?
왜 '볏단'을 서로에게 나누어 주었을까요?

형제가 나른 '볏단', 즉 쌀은 당시 농경 사회에서 그 무엇보다도 중요하게 여겨지는 자원이었으며, 아무도 보지 않는 '깜깜한 밤'을 택한 이유는 '남몰래' 행하기 위해서였다. 의좋은 형제는 아무도 모르게 자신에게 가장 소중한 것을 나누어 주는 행동으로 나눔과 배려의 마음을 실천하며 사랑의 마음을 표현하고 있다([그림 2-6] 참조).

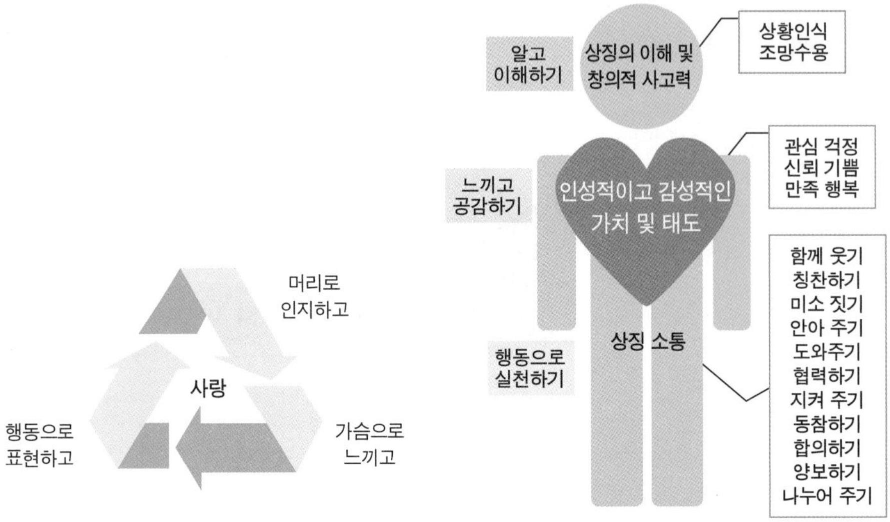

[그림 2-6] 알고 느끼고 행동하며 사랑의 마음 표현하기

③ 일상생활의 소중함

의좋은 형제는 사계절을 어떻게 보냈을까요?

시대가 아무리 변하여도 열심히 일하는 땀의 가치와 놀이처럼 열심히 일하는 일상생활의 소중함은 변하지 않는다. 하루하루를 부지런히 일하며 한 해를 보내는 동안 형제의 농사일은 고되고 지루한 노동이 아니라 함께 돕고 협력하는 즐거운 놀이였고 창조적인 과정이다. 형제의 삶 속에서 나타나는 일상의 소중함은 '땀 흘려 일하기'와 '일과 놀이는 하나'라는 삶의 가치를 전해 주고 있다.

땀 흘려 일하는 형제의 삶은 사계절의 변화에 따라 모를 심고 가꾸며 거두고 휴식하는 평범한 일상생활에서 드러난다([그림 2-7] 참조).

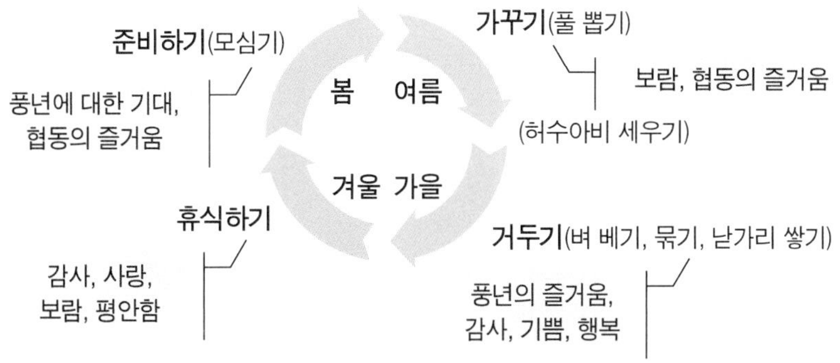

[그림 2-7] 일상생활의 소중함: 땀 흘려 일하기

또한 의좋은 형제는 고된 농사일을 놀이처럼 즐기며 서로 돕고 살아간다. 여기에는 일과 놀이가 순환되며 일의 힘겨움과 고통을 즐거움으로 승화시키고자 했던 우리 선조들의 지혜로운 사고방식이 고스란히 담겨 있다. 일반적으로 '일'은 수동적이고 단조로우며 재미없고 힘들고 고통스럽고 지겨운 것으로 여겨진다. 반면, '놀이'는 재미있고 즐겁고 흥겨우며 자발적이고 능동적인 특성을 가지고 있다. 힘들고 고된 일이 즐겁고 재미있는 놀이와 결합되면 즐겁고 흥겨운 일로 변화되어 생산성이 더 높아질 수 있다. 이것이 창의력이 요구되는 현대 사회에서 새롭게 '놀이'의 중요성이 부각되고 있는 이유이다([그림 2-8] 참조).

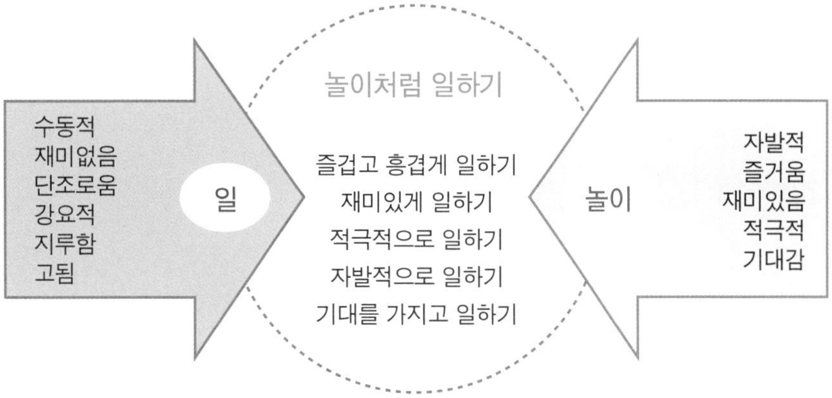

[그림 2-8] 일상생활의 소중함: 일과 놀이는 하나

2. '의좋은 형제' 프로그램 실행하기

유아들은 『의좋은 형제』 이야기의 상징적 의미를 어떻게 해석하였을까요? 사례를 참고하여 흥미롭게 펼쳐 나가는 유아들의 놀이를 적극적으로 지원해 주세요.

'의좋은 형제'는 전래동요나 동화를 즐기고 우리말에 재미를 느끼는 4, 5세 유아에게 적용할 수 있다. 이 시기의 유아들은 우리말에 재미를 느끼고 전래동화를 즐긴다. 그림책에서 보이는 그림을 단서로 내용을 이해하고 상상하면서 나와 타인 그리고 우리 문화에 관심을 갖고, 궁금한 것에 대해 호기심을 가지며 탐구하고자 한다. 이러한 유아의 발달적 특성에 따라 『의좋은 형제』 이야기를 흥미롭게 만나고 놀

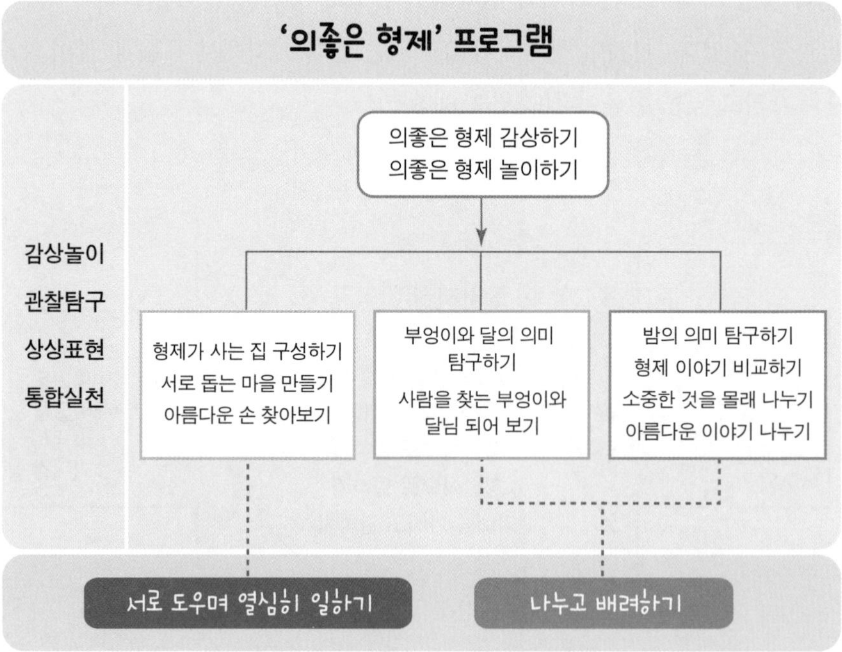

※ 4, 5세 유아를 대상으로 '의좋은 형제' 프로그램을 진행한 사례를 모아서 전개도로 정리함.

[그림 2-9] '의좋은 형제' 프로그램 전개의 예

이에 몰입하면서 다양한 방법으로 문화문해 활동을 전개해 나갈 수 있다. 이 사례에서 제시한 '의좋은 형제' 프로그램은 이현주 글, 김천정 그림(2006)의『의좋은 형제』를 활용하였으며, 그 사례를 정리하여 소개하면 [그림 2-9]와 같다.

[그림 2-9]에서 보는 바와 같이 유아들은 의좋은 형제 이야기를 감상하면서 재미있게 놀이한다. 유아들은 그림책 속의 등장인물이 되어 놀이를 시작하고, 그림책에서 드러나지 않는 이야기를 상상하고, 역할극에 필요한 소품과 배경을 만들며 이야기 속으로 서서히 몰입해 간다.

이야기의 내용을 이해하고 스토리에 익숙해지면 유아들은 그림책에 숨어 있는 여러 가지 상징을 찾아내고 탐구하며 의미를 해석해 나간다. 그림책의 주인공뿐만 아니라 개구리와 올챙이, 제비, 달님과 부엉이 등 소소하고 작은 것에도 관심을 기울이고 이야기의 맥락 속에서 그 역할과 의미를 탐색한다. 또한 형제가 등장하거나 밤을 배경으로 하는 이야기 등 의좋은 형제와 유사한 이야기 또는『홍부 놀부』이야기처럼 내용이 서로 상반되는 이야기를 찾아서 비교해 보며 의좋은 형제의 가치를 보다 깊게 느껴 본다.

이러한 과정을 거치면서 어느덧 유아들은 일상생활 속에서 자연스럽게 의좋은 형제처럼 서로 돕고 소중한 것을 나누며 사랑을 실천한다. 의좋은 형제의 상징적 의미를 이해해 나가는 동안 유아들이 만들어 낸 이야기는 더욱 재미있고 아름답게 다듬어진다. 역할극이나 인형극, 노래극 등과 같은 예술성 있는 작품으로 다듬어진 유아들의 이야기를 통해『의좋은 형제』이야기에 담긴 삶의 가치를 다른 사람들과 의미 있게 소통한다.

1) 의좋은 형제 감상하기

(1) 조각 그림을 단서로 이야기 상상하기

문화문해교육 교수 · 학습 방법

감상놀이

그림책으로 이야기를 접하는 일상적인 방법에서 벗어나 숨은그림찾기 놀이로 의좋은 형제 그림책을 처음 만난다. 그림 조각들은 유아들이 의좋은 형제 이야기에 호기심을 가지고 자유롭게 그림의 내용을 상상하고 유추하는 단서가 되고 있다.

의좋은 형제의 그림 일부분이 복사된 종이가 들어 있는 봉투가 교실 곳곳에 숨겨져 있다. 유아들은 자유놀이를 하는 중에 우연히 봉투를 발견하고 보물찾기를 하듯이 숨겨져 있는 봉투를 찾아낸다. 봉투 안에 들어 있는 그림에 궁금증을 나타내며 어떤 그림이 들어 있는지 살펴보고 서로 이야기 나눈다. 자신의 그림을 친구들의 그림과 비교해 보면서 같은 점과 다른 점을 찾아보기도 한다.

"내 그림카드에는 부엉이 한 마리가 있어."
"내 그림카드에는 옛날 사람이 있는데? 옛날 옷을 입은 사람이야."
"그런데 그림이 잘라진 것 같아. 퍼즐인가?"
"너도 봉투를 열어 봐. 아마 그림이 들어 있을 거야."
"나랑 똑같은 그림일까?"
"어! 그림이 달라. 나는 개구리가 있어. 이것 좀 봐!"

찾아낸 그림을 한데 모아 펼쳐 놓고 그림에서 보이는 것들을 서로 이야기하고, 그림의 내용을 상상해 본다. 여러 장의 그림을 연결하여 하나의 이야기를 만들어 보기도 한다. 유아들이 만든 이야기를 순서대로 배열하고 이야기를 기록하여 책으로 엮거나 게시하여 함께 감상한다.

"이렇게 연결해 볼까? 비가 오는데 부엉이가 집을 나가서 나무 밑에서 비를 피하고 있는 것 같아."
"여기에 이 그림을 끼워 넣어 보자."
"손가락이 저쪽으로 가라고 하는 것 같지? 그쪽에 아마 보물이 숨어 있을지도 몰라."
"까만 사람은 귀신 같아. 무섭지?"

핵심역량

심미적 감성 역량
- 감상하기: 그림 속 인물이나 사물, 색이나 모양 등을 호기심 있게 살펴보고 감상한다.

창의적 사고 역량
- 참신하게 사고하기: 그림에서 보이는 것을 단서로 그림의 이야기를 자유롭게 상상한다.

(2) 의좋은 형제 감상하기

문화문해교육 교수 · 학습 방법

감상놀이

의좋은 형제를 즐길 수 있는 밤 풍경을 조성하고 편안하게 누워서 이야기를 감상한다. 밤 풍경은 의좋은 형제 이야기와 유아의 일상을 연결하는 매개체가 되어 밤에 대한 경험을 떠올리게 하기도 하고, 밤하늘 너머 미지의 세계를 상상하게 한다.

언어영역에 비치되어 있는 의좋은 형제 그림책을 반복해서 보거나, 모두 함께 모여서 컴퓨터나 빔 프로젝터를 이용한 대형 화면으로 의좋은 형제 이야기를 감상해 본다. 자신과 친구들이 찾아낸 조각 그림이 들어 있는 장면을 발견하기도 하고, 조각 그림을 보고 상상했던 내용과 의좋은 형제를 비교해 보기도 하면서 자유롭게 이야기를 감상한다.

바닥에 누워 반짝이는 별빛이 비치는 밤하늘을 보면서 의좋은 형제를 감상해 보기도 한다. 이야기를 듣는 동안 자신의 느낌이나 생각을 자유롭게 표현한다. 의좋은 형제 이야기의 내용뿐만 아니라 밤과 관련된 유아 자신의 경험, 알고 있는 정보, 느낌 등을 함께 이야기 나누면서 즐겁게 이야기를 감상한다.

"깜깜한 밤에 의좋은 형제를 들으니 더 재미있어."
"밤하늘이 멋있다. 오늘 밤도 저렇게 별이 빛났으면 좋겠어."
"진짜 별이 반짝거리지? 은하수 같아."
"달님도 저 뒤에 어디엔가 숨어 있을 거야. 동그란 보름달이 숨으려면 별들이 아주 많아야 해."
"나는 깜깜한 밤에 엄마 손을 꼭 잡고 마트에 간 적이 있어."

핵심역량	심미적 감성 역량 - 감상하기: 의좋은 형제를 밤 풍경 속에서 감상하며 작품의 아름다움을 느낀다. 창의적 사고 역량 - 적절하게 사고하기: 의좋은 형제의 맥락과 연결하여 밤 풍경과 관련된 경험을 기억한다.

이와 같은 활동상황을 일일교육실행서로 제시하면 다음과 같다.

일일교육실행서

놀이주제	의좋은 형제 감상하기
날짜	년 월 일 요일
일과 시간표	* 유치원이나 어린이집의 하루 일과를 간단히 기록
놀이 이야기 (영유아행동 관찰)	그림 조각을 연결하면서 이야기를 만든 유아들은 자신들이 갖고 있는 그림이 전체 장면이 아니라 전체 그림의 일부분인 것 같다는 이야기를 한다. 그리고 전체 그림은 어떤 장면일지에 대해 관심을 갖는다. 교사는 그림책의 전체 장면을 복사하여 벽면에 전시한다. 유아들은 자신이 갖고 있는 그림 조각이 전체 그림의 어느 부분인지 맞추어 보기 위해 벽면에 붙어 있는 그림을 탐색한다. 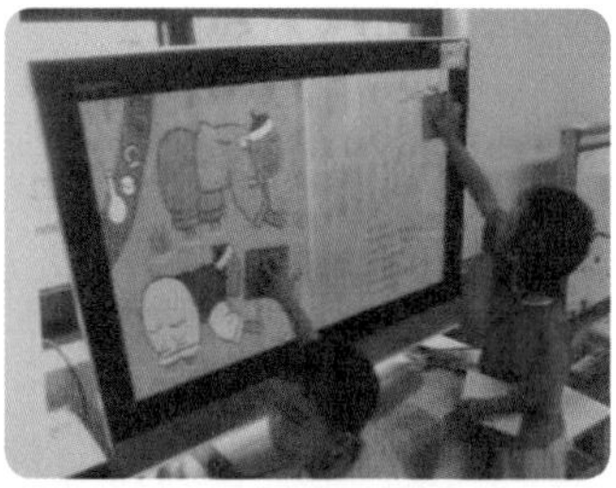 "여기에서 내 그림을 찾았어." "작은 풀과 벌레가 논에 있었어." "이건 논에서 일하는 사람 손이었네." "난 이 그림을 밭에서 일하는 사람들이라고 생각했어. 내 생각이랑 똑같아!" 유아들은 자신의 그림 조각뿐 아니라 친구의 그림 조각도 어디에 있는지 함께 찾으면서 그림의 선이나 색, 작은 사물들의 모습을 집중적으로 관찰한다. 그 과정에서 장면마다 등장하는 동물이나 곤충(나비, 제비, 잠자리 등)이 다르다는 것, 달님의 표정이 바뀐다는 것, 형님과 아우가 사는 집의 지붕이나 창문이 다르다는 것, 논과 밭의 색이 바뀐다는 것 등을 이야기한다. 그리고 배경의 색이나 논과 밭의 변화, 등장인물의 움직임 등을 고려하면서 그림을 연결하여 이야기를 만든다.
영유아 문화문해	• 그림 속에 있는 작은 나무 하나, 논밭의 모양이나 색, 사람들의 손과 같이 작은 부분에 관심을 보이며 그림을 탐색한다. • 그림을 연결하여 이야기 만들기를 즐긴다.
문화문해 과정	• 심미적 감성 역량 - 감상하기: 그림 조각의 그림들을 감상하면서 그림의 이야기를 상상해 본다. • 감상놀이 - 그림책의 전체 그림을 보기 전에 그림의 부분부분을 나누어 살펴보면서 그림의 선과 색, 등장인물들의 표정이나 손동작, 작은 등장인물이나 배경 등을 살펴보고 감상한다.
추후 계획	• 감상놀이 - 그림책의 장면 그림을 게시판이나 벽면에 게시하기 - 기본적인 소품과 공간을 마련하여 역할놀이하기

(3) 이야기 순서대로 그림 연결하기

문화문해교육 교수 · 학습 방법

상상표현

벽면이나 게시판에 의좋은 형제 그림책의 주요 장면을 게시하여 자유롭게 이야기를 감상한다. 유아들은 게시된 그림을 보고 그림의 순서를 재배치하기도 하고, 이야기의 순서를 바꾸어 새로운 이야기를 만들어 내기도 하면서 이야기를 즐긴다. 때로는 등장인물 그림에 자신이나 친구들의 사진을 붙이고 주인공을 바꾸어 이야기를 짓기도 한다.

유아들은 벽면에 게시되어 있는 그림을 주의 깊게 살피면서 그림 한 장 한 장에 담긴 이야기를 말로 표현하기도 하고, 등장인물의 행동을 흉내 내기도 한다. 의좋은 형제 이야기를 기억하고 순서대로 그림을 나열하기도 하고, 순서가 바뀐 그림을 바로잡아 재배치하기도 한다. 때로는 그림의 순서를 바꾸고 새롭게 이야기를 지어 보기도 한다. 유아의 얼굴 사진을 그림 옆에 게시하여 등장인물의 얼굴에 유아 사진을 붙이고 자신과 친구를 주인공으로 이야기를 만들어 본다.

"어떤 그림을 맨 앞에 둘까?"
"달이 있는 그림은 어디쯤 놓으면 좋을까?"
"이 그림 다음에는 결혼식 그림이 있어야 해."
"제비가 나오는 그림은 달님이 나오는 그림보다 앞에 있어야 하는 것 아닌가?"

"여기 아우의 얼굴에 다연이의 사진을 붙여 보자."
"그럼 다연이가 형님을 도와서 열심히 모내기를 하는 거지?"
"형님은 누구로 할까? 강찬이 사진을 붙여 볼까?"

핵심역량	자기관리 역량 - 자아정체성 갖기: 유아 자신이 등장인물이 되어 보면서 자신과 자신의 역할을 이해한다. 창의적 사고 역량 - 적절하게 사고하기: 의좋은 형제 이야기의 맥락에 따라 적절한 이야기를 만든다. - 합리적으로 사고하기: 의좋은 형제 이야기의 순서에 맞게 이야기를 구성한다.

2) 의좋은 형제 놀이하기

(1) 인형극놀이 하기

문화문해교육 교수 · 학습 방법

감상놀이

의좋은 형제를 인형극으로 놀이한다. 인형극놀이에 필요한 등장인물과 배경 등을 어떻게 만들 것인지 유아들이 주도적으로 계획하고 실행하면서 인형극을 완성해 나간다.

의좋은 형제 그림책이나 그림카드를 보면서 이야기를 만들던 유아들이 그림카드에서 등장인물을 오리거나 그림으로 그려서 인형극놀이를 한다. 여러 가지 블록으로 인형극놀이에 필요한 공간을 만들어 나가다가 재활용품 등 여러 가지 재료를 인형극놀이에 활용한다.

"형님과 아우를 그려서 블록에 붙였더니 인형이 되었어. 이제 인형놀이를 할 수 있어."
"형제가 사는 집에는 동물을 키우는 곳도 있어."
"형제들은 열심히 일하며 살았거든."
"집 옆에는 농사를 짓는 논밭도 가까이 있어. 바로 여기야. 벼가 쑥쑥 자라고 있지."
"그런데 조금 있다가 모두 정리해야 하는데 어떡하지? 내일도 더 놀고 싶은데……."

블록으로 인형극놀이를 하던 유아들은 매번 정리시간이 되면 놀이 공간을 모두 정리해야 하는 것에 불만을 나타낸다. 인형극놀이를 지속적으로 할 수 있는 방법에 대해 토의하면서 인형극놀이 공간을 어떻게 만들 것인지 계획한다. 인형극놀이 공간 구성에 필요한 재료를 직접 수집하고 계획에 따라 때로는 시행착오를 거치기도 하면서 소품과 배경을 만들어 나간다. 유아들은 자신이 직접 만든 인형극놀이 공간에서 그림책에서는 보이지 않는 의좋은 형제의 삶을 다양하게 재현하며 인형극놀이를 즐긴다.

라이트테이블 위에서 인형극놀이 하기

그림자 인형극놀이 하기

디오라마로 만들어서 인형극놀이 하기

인형극장을 만들어서 인형극놀이 하기

핵심역량	심미적 감성 역량 - 표현하기: 유아들이 이해한 의좋은 형제의 내용을 인형극으로 구성하여 표현한다. 의사소통 역량 - 표현하기: 의좋은 형제의 맥락에 맞는 대사로 이야기를 표현한다. - 이해하기: 인형극놀이를 하면서 의좋은 형제 이야기의 내용을 보다 정교하게 이해한다.

(2) 역할놀이하기

문화문해교육 교수 · 학습 방법

감상놀이

의좋은 형제의 내용을 점차 이해해 나가면서 유아가 직접 등장인물이 되어 역할놀이를 한다. 의좋은 형제뿐만 아니라 그림책에서 볼 수 있는 다양한 등장인물에도 관심을 보이며 행동과 말을 상상하고 재현한다.

그림책과 그림카드 놀이로 의좋은 형제를 반복적으로 듣고 보면서 인형극놀이와 역할놀이를 즐긴다. 의좋은 형제뿐만 아니라 형제의 가족, 마을 사람들, 논을 지키는 허수아비, 형제가 기르는 강아지 등 그림책에 등장하는 인물을 놓치지 않고 찾아내며 보이지 않는 그들의 삶을 재현한다. 주변에서 볼 수 있는 간단한 소품을 역할놀이에 활용하면서 등장인물의 생각과 감정을 상상하고 적절하게 표현하며 놀이한다.

"깜깜한 밤이라서 아무것도 안 보여. 얼른 형님네 집에 볏단을 가져다주어야지."
"살금살금 몰래몰래 아우네 식구들이 맛있게 먹을 수 있도록 빨리 볏단을 쌓아 두러 가자."
"아이쿠! 형님?"
"아우야, 바로 너였구나!"

"논밭에 오래 서 있으니까 다리가 아파."
"허수아비는 어떻게 한 발로 서 있지?"
"그렇지만 형님과 아우네 논밭을 내가 지켜 줘야 해."
"새들아, 너희들도 배가 고프구나. 조금만 먹고 날아가라. 너희들이 다 먹으면 형님과 아우의 쌀이 다 없어질지도 몰라."

핵심역량

심미적 감성 역량
- 표현하기: 의좋은 형제 이야기를 역할극으로 표현한다.

의사소통 역량
- 표현하기: 등장인물의 생각과 감정을 몸짓, 표정, 언어 등 다양한 방법으로 표현한다.
- 이해하기: 등장인물의 생각과 감정에 공감하며 이야기의 맥락에 맞게 반응한다.

협력과 성장: 함께 해결해요

유아의 관심사가 모두 다를 때는 어떻게 통합할 수 있나요?

활동을 진행하다 보니 어떤 아이는 지게에 관심이 많고 어떤 아이는 달님이나 벼 베기에 관심을 보여요. 이렇게 각각의 아이들이 다른 것에 관심을 보이니 어떤 활동으로 나가야 할지 어려워요.

별빛유치원 4세반 김 교사

유아마다 흥미가 다 다른 것은 당연한 것이지요. 그래서 '이야기가 있는 놀이'가 필요합니다. 지게, 달님, 벼 베기 등이 모두 각각의 것이 아니라 이야기 속에서 함께 통합되는 것이므로 개별 유아의 관심을 놓치지 않고 연결될 수 있습니다. 벼 베기를 해서 수확해야 지게로 볏섬을 나를 수 있는 것이고 형제의 나눔을 지켜보는 달님도 필요해지는 것이지요. 또한 관심을 보이지 않는 유아도 '이야기가 있는 놀이'를 진행하다 보면 어느 곳에든 참여하게 됩니다. 선생님이 유아의 발전 가능성에 믿음을 가지고 유아의 관심을 놓치지 않는다면 교육의 목표는 충분히 달성될 수 있습니다.

저자

(3) 소품 만들고 공간 구성하기

문화문해교육 교수 · 학습 방법

상상표현/관찰탐구

역할놀이를 하다 보니 소품과 배경이 필요해진다. 유아들은 더 재미있는 놀이를 만들기 위해 스스로 필요하다고 생각되는 소품과 배경을 만들기 시작한다. 소품과 배경이 추가되면서 역할놀이는 더욱 풍성해지고, 그 안에서 더 많은 이야기가 만들어진다.

유아들은 의좋은 형제가 되어서 볏단을 지고 나르는 장면에 흥미를 가지고 역할놀이를 반복하며 즐긴다. 그러다가 지게와 볏단의 필요성을 이야기하며 부족한 소품을 직접 만들기로 계획한다. 역할극이 더 재미있게 진행되려면 지게와 볏단과 같은 소품뿐만 아니라 논밭과 같은 공간도 만들어져야 한다는 의견도 나온다. 유아들은 어떤 재료로 어떻게 필요한 소품을 만들고 어느 공간에 논밭을 만들 것인지 등을 의논한다. 여러 날에 걸쳐 소품과 배경을 만들고 더욱 풍부하게 이야기를 상상하며 역할놀이를 한다.

"지게가 필요해."
"무엇으로 만들지?"
"상자를 연결해서 만들어 볼까?"

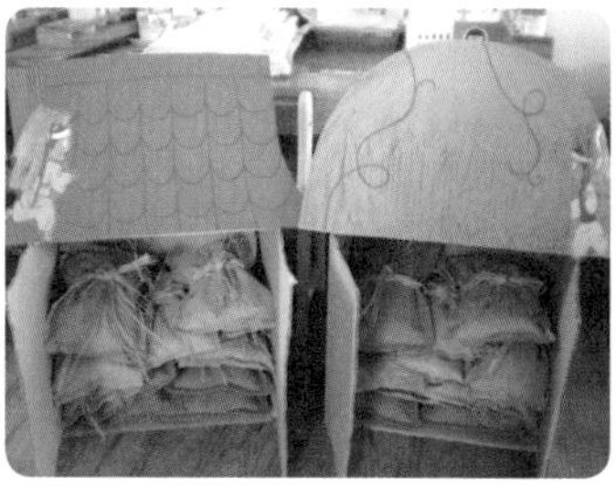

"볏단을 보관할 곳간이 필요해."
"형님네와 아우네 곳간을 만들어 보자."

"벼를 키울 수 있는 논과 밭을 만들어야 해."
"허수아비도 만들자."
"와~ 논과 밭이 완성되었다!"

핵심역량	지식정보처리 역량 – 문제 · 과제 인식하기: 역할놀이에 필요한 소품과 배경이 무엇인지 찾아낸다. – 해결책 탐색하기: 소품과 배경을 만들기 위한 정보와 자료를 수집하고 활용한다. – 해결 및 평가하기: 소품과 배경을 어떻게 만들 것인지 계획하고 구성한다. 심미적 감성 역량 – 표현하기: 역할극에 필요한 소품과 배경을 심미적으로 아름답게 구성한다.

3) 형제가 사는 집 구성하기

(1) 옛날 집 관찰하기

문화문해교육 교수 · 학습 방법

관찰탐구

그림책에 나오는 의좋은 형제의 집과 삶에 관심을 가지면서 직접 민속마을을 견학하여 옛날 사람들의 생활공간을 탐색한다. 유아들이 보고 듣고 경험한 것을 의좋은 형제와 연관 지어 상상하면서 옛날 집에 관련된 자료를 수집한다.

유아들은 그림책에 나오는 형제의 집에 관심을 가지고 자세히 관찰한다. 그러나 그림책에는 형제의 집 일부만 그려져 있으므로, 인근 민속마을을 견학하여 의좋은 형제가 살았던 집과 유사한 옛날 집을 직접 살펴본다. 민속마을에서 초가집과 기와집 등 옛날 집을 탐색하고, 집의 모양과 재료 등이 각기 다르다는 것을 발견한다. 민속마을과 같은 곳에서 의좋은 형제가 살았을 것이라고 상상하며, 그 공간에서 살아가는 사람들의 삶을 직접 체험해 보기도 한다.

"형제가 살았던 집과 똑같아. 옛날 집이야."
"이건 초가집이지?"
"저기 부엌도 있어. 요리를 하는 사람도 있고 형제처럼 일하고 있는 사람들도 보여."
"초가지붕 위에 나무가 있네? 열매도 열린 것 같아. 저게 무엇일까?"

핵심역량

지식정보처리 역량
- 해결책 탐색하기: 민속마을에서 형제의 집을 만드는 데 필요한 정보를 얻고 자료를 수집한다.

심미적 감성 역량
- 삶의 질 추구하기: 민속마을에서 옛날 사람들이 살아가는 삶을 경험하고 공감한다.

(2) 형제의 집 만들기

문화문해교육 교수 · 학습 방법

관찰탐구/상상표현

민속마을에 다녀온 후 의좋은 형제의 집과 삶에 더 많은 관심을 가지며 집 만들기를 계획한다. 집 만들기에 필요한 정보를 모으고 재료를 수집하여 수많은 시행착오와 토의를 통해 교실 공간에 의좋은 형제의 집을 구성한다.

민속마을에 다녀온 후 유아들은 형제의 집에 대해 더욱 많은 이야기를 나누고 옛날 사람들의 삶을 재현한다. 역할놀이가 더욱 풍성해지면서 놀이 공간이 더욱 확대되고, 의좋은 형제의 집이 필요함을 느낀다. 유아들은 옛날 집에 관련된 사진이나 책, 그림 자료 등을 통해 다양한 집의 모습과 구조를 탐구하고 어떤 집을 지을 것인지 토의하고 계획한다. 유아들이 계획한 집을 그림으로 그리거나 블록으로 구성해 보기도 한다. 그림책을 세밀하게 관찰하는 과정에서 형님 집과 아우 집의 일부분을 찾아내고, 그것을 단서로 그림책에서는 보이지 않는 형제의 집을 상상하여 그린다.

"형님 집과 아우 집은 아마 이렇게 생겼을 거야."
"형님 집은 기와집이고 아우 집은 초가집이 아닐까? 옛날 사람들은 이런 집에서 살았으니까."
"형님 집에는 고양이가 있고, 동생 집에는 강아지가 살고 있었어."

형님 집과 아우 집을 그림으로 그린 후 교실 공간에 그림과 같이 형제의 집을 만들기로 한다. 교실의 어느 공간에 집을 지을 것이고, 얼마나 크게 지을 것이며, 어떤 재료로 어떻게 지을 것인지를 고민하면서 며칠에 걸쳐 의논하고 계획한다. 계획에 따라 유아들은 집을 만들기 위한 다양한 재료를 스스로 찾고 모은다. 평면 그림으로 계획했던 형제의 집을 입체적으로 구성하면서 수많은 시행착오를 거치며 균형을 잡고, 집의 크기를 조절하고, 높낮이를 맞추어 나간다. 때로는 의견이 충돌하여 다툼이 발생하기도 하고, 시행착오로 인해 좌절을 경험하기도 하지만, 많은 시간이 소요되더라도 유아 스스로 의견을 조율하며 어려움을 극복해 나간다. 형제의 집이 완성되어 가면서 집 안과 밖에서 유아들은 새로운 의좋은 형제의 삶의 이야기를 무궁무진하게 펼쳐 나간다.

"우리가 만든 형님 집과 아우 집이야. 문을 열면 집 안으로 들어갈 수 있어."
"형님 집과 아우 집 사이에는 길이 나 있어. 의좋은 형제는 이 길로 다니는 거야."

"와! 우리가 의좋은 형제가 사는 진짜 집을 만들었다!"
"옛날 사람들 집에는 아궁이가 있어. 우물도 있는데, 여기서 빨래를 해."
"아우네 집 지붕에는 호박이 주렁주렁 달려 있어. 가을에 먹을 거야."

"의좋은 형제의 집에는 언제나 무지개가 떠. 왜냐하면 마음씨 착한 형제가 살고 있기 때문이지."
"형님네 집은 기와집이고 아우네 집은 황토집이야."

핵심역량

지식정보처리 역량
- 문제 · 과제 인식하기: 더 재미있는 역할놀이를 하기 위해 형제의 집이 필요함을 느낀다.
- 해결책 탐색하기: 형제의 집을 짓기 위해 다양한 정보와 자료를 수집한다.
- 해결 및 평가하기: 형제의 집을 짓기 위한 계획을 세우고 시행착오를 겪으면서 실행한다.

심미적 감성 역량
- 표현하기: 형제의 집을 적절한 재료로 아름답게 구성한다.

이와 같은 활동상황을 일일교육실행서로 제시하면 다음과 같다.

일일교육실행서

놀이주제	의좋은 형제의 집 만들기
날짜	년 월 일 요일
일과 시간표	* 유치원이나 어린이집의 하루 일과를 간단히 기록
놀이 이야기 (영유아행동 관찰)	의좋은 형제 역할놀이가 계속되면서 형제가 사는 집을 만들자는 의견에 따라 만들고 싶은 집을 그리거나 블록으로 구성한다. 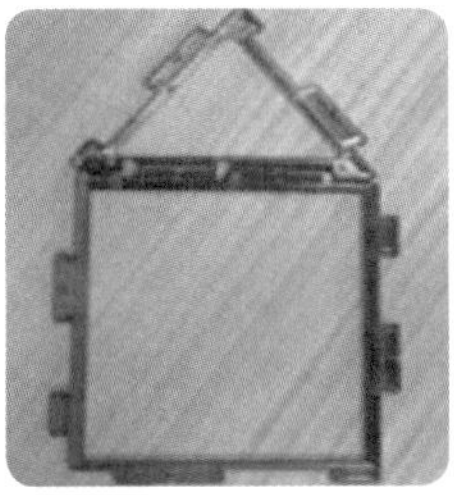  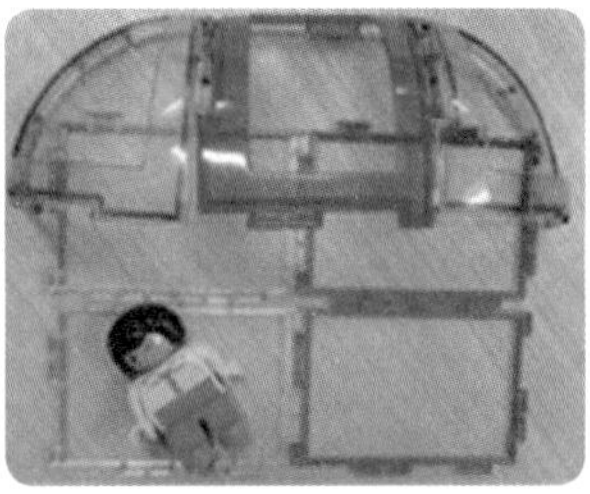 "(바닥 위에 세모와 네모를 연결하고) 이것 봐! 집 모양이 됐어." "근데 그러면 사람들이 어떻게 들어가? (레고 인형을 집 위에 올려놓으며) 얘가 누우면 안 돼. 얘가 서 있어야 해." "맞아. 우리가 집 안으로 들어갈 거니까 그렇게 만들면 안 돼." "내 거에는 진짜 비도 안 맞을 수 있는 지붕도 있어. 사람도 들어가." "네가 만든 집은 꼭 버섯집 같다." "(교실 벽면에 붙어 있는 사진을 가리키며) 원래 옛날 집들은 지붕이 다 동그래서 그런 거야." 집을 세우고 공간을 만들어서 진짜 들어갈 수 있는 집을 만드는 방법, 그림책에서 본 것처럼 둥근 지붕을 만드는 방법, 좀 더 여러 사람이 들어갈 수 있는 큰 집을 만드는 방법 등에 대해 이야기하며 여러 모양의 집을 만든다.
영유아 문화문해	• 평면 종이에 그림으로 그려 내는 것에 익숙한 유아들이 블록을 활용하여 입체적으로 구성물을 만들면서 많은 시행착오를 거친다. 그러나 그 과정을 즐기며 집중한다. • 유아들 간에 자유롭게 서로의 의견을 나누고 그에 따라 자신의 생각을 바꾸거나 설득하면서 함께 문제를 해결한다.
문화문해 과정	• 지식정보처리 역량 - 문제 · 과제 인식하기: 의좋은 형제의 집이 필요함을 인식한다. - 해결책 탐색하기: 집을 만들 수 있는 방법을 찾아보고 어떻게 만들 것인지 구상한다. • 관찰탐구 - 유아들은 자신이 관찰하고 탐구한 내용을 기초로 의좋은 형제의 집을 상상하여 표현하고, 친구들이 만든 집을 관찰하고 비교한다.
추후 계획	• 관찰탐구 - 평면적인 그림을 다양한 차원으로 관찰하여 입체적인 조형물로 만들기

협력과 성장: 함께 해결해요

개별 유아에 맞추어 반응해 주는 일이 어려워요.

이제까지 유아가 지어 본 집 중에서 가장 큰 규모의 집을 지어 나가고 있어요. 우유팩으로 지어 보고 있는데 할 일이 무척 많아요. 어떤 유아는 다른 반에서 우유팩을 모아 오는 일을 담당하고, 어떤 유아는 그것을 씻어서 말려야 하고, 어떤 유아는 그것을 쌓으며 붙여야 하기 때문에 각 유아가 해야 하는 일이 많이 있어요. 그런 것에 내가 모두 관여해야 하니까 눈코 뜰 새 없이 바빠요. 제가 관여하지 않으면 우유팩을 씻다가 옷이 다 젖거나 삐뚤게 쌓여서 다시 쌓아야 하는 경우도 있고, 그때그때 유아가 보이는 반응에 상호작용해 주어야 해서 그것이 제일 어렵게 느껴져요.

하늘유치원 4세반 장 교사

교사가 모든 것을 혼자 해결하려 하지 말고, 어려운 상황에 대해 유아와 함께 고민해 볼 수 있습니다. 처음에는 교사의 도움이 많이 필요하지만, 점차 익숙해지면 유아 스스로 해결할 수 있는 부분이 많아지게 될 것입니다. 집의 모양이 반듯해야만 잘 만들어지는 것도 아니며, 잘못 쌓였을 때는 유아가 스스로 발견하여 다시 쌓는 과정도 중요한 교육의 부분입니다. 시행착오를 거치면서 점차 나아지게 되지요. 처음부터 멋지고 완벽하게 만들어 내겠다는 생각을 버리고, 집을 짓는 과정에서 다양한 것을 경험하고 실험할 수 있는 기회를 주는 것이 좋습니다.

저자

4) 서로 돕는 마을 만들기

(1) 우리 동네 탐구하기

문화문해교육 교수 · 학습 방법

관찰탐구/교류발전

의좋은 형제의 집을 오가면서 역할놀이를 하다가 형제의 마을에 호기심을 가진다. 궁금증을 해결하기 위해 우선 우리 동네를 돌아보기로 한다. 우리 동네에는 어떤 곳이 있으며, 사람들은 어떻게 생활하고 있는지 살펴보고 조사한다.

의좋은 형제의 집을 만들고 나서 두 집을 오가며 볏단을 나르다가 두 집을 연결하는 길을 만들기 시작한다. 형제의 집 옆에는 형제가 일하는 논과 밭이 있어야 하고, 필요한 물건을 사기 위해서는 시장이 필요하다는 의견을 제안한다. 점차 유아들은 형제가 사는 마을에 관심을 가지고, 그림책에 나와 있는 공간 이외에 어떤 공간이 더 필요할지 토의한다. 그 과정에서 우선 우리 동네를 돌아보며 우리 동네에서 볼 수 있는 길과 건물, 마트 등을 살펴보기로 한다. 우리 동네를 돌아보는 동안 의좋은 형제의 마을과 우리 동네를 비교하기도 하면서 익숙한 우리 동네 모습을 새로운 눈으로 세심하게 관찰하고 마을의 지도를 그린다.

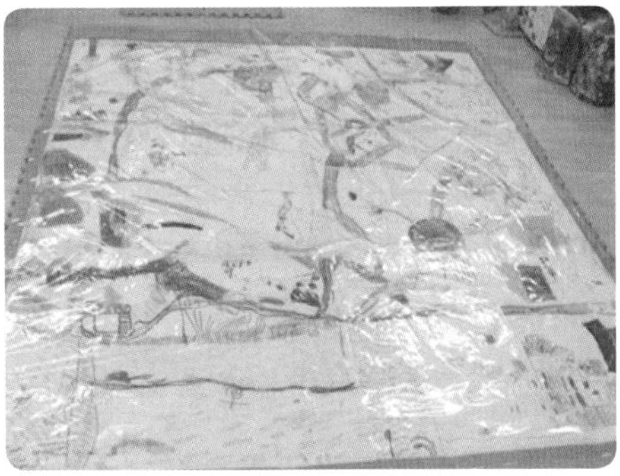

"여기가 바로 우리 유치원이 있는 곳이야."
"우리가 이렇게 빙~ 돌아서 왔어."
"이 길은 내가 집에서 유치원으로 오는 곳이야. 아주 가깝지?"
"여기 마트가 있어. 은행도 있고…… 그런데 옛날에도 마트가 있었을까?"

핵심역량	지식정보처리 역량 - 문제 · 과제 인식하기: 의좋은 형제의 마을을 구성하기 위해 먼저 우리 동네를 관찰한다. - 해결책 탐색하기: 형제의 마을을 구성하는 데 필요한 정보와 자료를 수집한다. 공동체 역량 - 참여 및 소속감 갖기: 우리 마을을 돌아보면서 마을에 대한 자부심과 소속감을 갖는다.

(2) 의좋은 형제의 마을 만들기

문화문해교육 교수 · 학습 방법

관찰탐구/상상표현

우리 동네를 관찰하여 얻은 지식과 정보를 활용하여 의좋은 형제의 마을을 만들기 위한 계획을 세우고 실천한다. 우리 동네 사람들의 삶과 의좋은 형제의 삶을 비교하면서 이야기의 맥락에 맞게 필요한 공간을 입체적으로 구성해 나간다.

우리 동네를 관찰하고 지도를 그리면서 동네에는 사람들이 이동하는 여러 가지 길과 수많은 건물이 있다는 것을 알아내었다. 이를 통해 의좋은 형제 마을에 필요한 것이 무엇일지 상상해 보고 이야기를 나눈다. 처음에는 우리 동네를 돌면서 자신들이 보았던 많은 건물에 대해 이야기하다가, 차츰 의좋은 형제의 마을과 우리 동네의 공통점과 차이점을 찾아낸다. 우리 동네에서는 볼 수 없었던 우물, 소가 사는 외양간, 시장, 사람들이 모이는 장소 등이 의좋은 형제의 마을에는 있어야 한다는 의견도 제안한다. 특히 유아들은 의좋은 형제가 사는 마을이기 때문에 마을 사람들도 모두 사이좋게 살아갈 것이라고 생각한다. 집과 집 사이에는 담장이 없으며, 대문이 서로 마주 보고 있을 것이라고 유추한다. 여러 차례의 토의를 거쳐 유아들은 의좋은 형제가 사는 사이좋은 마을의 지도를 그리고 입체적으로 구성해 나간다.

"의좋은 형제가 사는 동네는 이렇게 생겼을 거야."
"함께 일하는 논밭이 있고, 집들은 서로 마주 보고 있어. 그래야 언제든지 서로 도와서 일할 수 있지."
"사이좋은 마을이기 때문에 모두 가까이 살고 있어."
"그러려면 담이 없어야 해."
"금방 만날 수 있게 대문이 이렇게 마주 보고 있어."
"의좋은 형제 마을 지도처럼 우리 교실에 사이좋은 마을을 만들어 보자."

"사랑 가득 마을"
"마을 사람들이 사랑을 나누며 살아가는 마을이야."
"이곳에 살면 누구나 의좋은 형제처럼 예쁜 마음을 가지게 돼."

핵심역량

지식정보처리 역량
- 문제 · 과제 인식하기: 의좋은 형제의 마을을 만들기로 목표를 구체화한다.
- 해결책 탐색하기: 의좋은 형제의 마을을 만들기 위한 정보와 자료를 수집하고 문제해결 방안을 탐색한다.
- 해결 및 평가하기: 의좋은 형제 마을 구성을 위한 계획을 수립하고 실천한다.

창의적 사고 역량
- 참신하게 사고하기: 의좋은 형제의 마을을 상상한다.
- 적절하게 사고하기: 의좋은 형제 이야기의 맥락에 맞게 형제의 마을을 구상한다.

심미적 감성 역량
- 표현하기: 의좋은 형제의 마을을 아름답게 표현한다.

(3) 의좋은 형제의 마을 사람 되어 보기

문화문해교육 교수 · 학습 방법

상상표현

의좋은 형제가 사는 마을의 마을 사람이 되어 역할놀이를 한다. 그림책에 등장하지 않는 상상의 인물로 이야기의 맥락에 맞게 역할을 수행하며 새롭게 이야기를 만든다.

의좋은 형제가 사는 집과 마을이 구성되면서 역할놀이에 다양한 마을 사람이 등장한다. 마을에 살고 있는 의좋은 형제뿐 아니라 아기를 돌보는 옆집 아줌마, 동네를 청소하는 사람, 음식을 파는 식당 주인 등 마을 사람의 역할을 맡아 그들의 삶을 상상하며 놀이한다. 놀이하는 과정에서 그림책을 펼쳐 보면서 자신들이 맡은 역할이 그림책에 나온 동네 사람들 중에서 누구일까 상상해 보기도 한다. 다양한 마을 사람이 등장하고 역할극에서 그들의 삶이 생생하게 펼쳐지면서 새로운 이야기가 끊임없이 만들어진다.

"아기도 돌봐야 해. 아기야, 금방 맛있는 밥 해 줄게."
"마을이 깨끗해지도록 빗자루로 마을길을 청소하고 있어."
"입으로 불을 후~후~ 불어서 밥을 해 먹어야 해. 옛날 사람이니까.
부채로 계속 바람을 불어 주어야 하지만, 그래도 밥이 맛있을 거야."

핵심역량

심미적 감성 역량
- 표현하기: 의좋은 형제 마을에 살고 있는 다양한 사람의 삶의 이야기를 극으로 표현한다.
- 삶의 질 추구하기: 다양한 사람의 삶에 공감하며 생생한 이야기를 만들어 낸다.

의사소통 역량
- 표현하기: 마을 사람들의 생각과 느낌을 언어적 · 비언어적 방법으로 표현한다.
- 의미 구성하기: 각자의 역할에서 관점을 가지고 맥락에 맞게 이야기를 구성한다.
- 이해하기: 함께 놀이하는 친구들의 의도에 공감하고 이야기의 내용을 이해한다.

(4) 서로 도와 결혼식 준비하기

문화문해교육 교수 · 학습 방법

관찰탐구/상상표현

그림책에 나오는 아우의 결혼식 장면에 관심을 보이며 결혼식 장면을 재현한다. 유아들은 각자 마을 사람들이 되어 아우의 결혼식을 함께 준비하고 축하해 준다.

그림책에서 볼 수 없는 새로운 등장인물이 되어 놀이하던 유아들은 아우의 결혼식 장면에 관심을 보인다. 아우의 결혼식 장면에서 보이는 그림을 단서로 결혼식 과정을 상상한다. 결혼식에 모인 많은 마을 사람이 아우의 결혼식을 도와주었을 것이라고 상상하며 각자 마을 사람이 되어서 아우의 결혼식을 준비한다. 결혼식에 필요한 병풍 꾸미기, 소품 만들기, 결혼식 초대장 만들기, 결혼식 진행 돕기 등 필요한 역할을 정하고 각자 역할을 담당하며 아우의 결혼식을 함께 준비하고 진행한다.

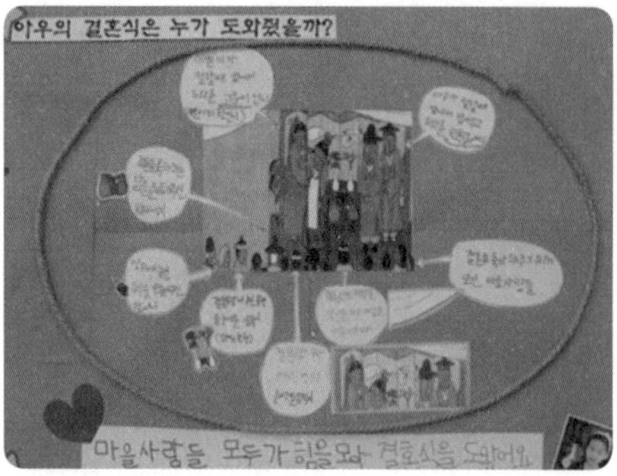

"마음씨 좋은 아우와 아랫마을 이쁜이가 결혼하는데 우리 모두 도와야 해."
"나는 결혼식에 필요한 병풍을 만들어 올게."
"나는 절하는 신부를 도와줄 거야."
"결혼식을 위한 상차림을 준비해야 해. 그런데 빨간 보자기에 싸여 있는 꼬꼬닭은 어떻게 구하지?"

"결혼식에 필요한 상을 모두 다 차렸어."
"아우와 이쁜이가 좋아하겠지?"
"결혼식에 필요한 한복도 준비했어."
"와~ 옛날 결혼식이야."
"하얀 드레스 대신 한복을 입어야 해."
"서로 도우니까 결혼식이 아주 멋져."

핵심역량

상의적 사고 역량
- 참신하게 사고하기: 그림에서 보이는 물건들을 융통성 있게 사고하여 준비한다.
- 적절하게 사고하기: 의좋은 형제 이야기의 맥락에 맞고 조화롭게 사고한다.

공동체 역량
- 상호존중하기: 친구들의 의견을 존중하고 공감 · 소통한다.
- 참여 및 소속감 갖기: 아우의 결혼식 준비에 적극적으로 참여하고 협력하여 준비한다.

협력과 성장: 함께 해결해요

활동이 어떻게 꼬리를 물고 서로 연결될 수 있나요?

활동이 서로 연결되지 않아요.
구름반 선생님은 어떻게 활동을 연결하고 있나요?

늘빛유치원 4세반 박 교사

처음에는 농사짓는 것에 관심을 가졌습니다. 그래서 논을 만들고 농사를 지었는데, 그러다 보니 가족이 필요했고 동생이 결혼식을 올리게 되었습니다. 결혼식 놀이를 하고 나니 함께 살 집이 필요해서 텐트로 놀이하다가 집을 만들기 시작했어요. 계속 극놀이가 진행되다 보니 유아가 점차 이야기 속으로 빠져드는 느낌이 들었고 활동이 자연스럽게 점차 확장되어 갔어요. 몇 명의 유아가 관심을 가져서 시작하게 되면 곧 다른 유아도 관심을 가지고 참여하게 되고, 관심에 따라서 집 만들기에 참여하는 유아, 이야기 구성에 참여하는 유아, 논과 밭에서 놀이하는 유아 등 다양하게 놀이영역이 확장되었어요.

늘빛유치원 5세반 김 교사

5) 아름다운 손 찾아보기

문화문해교육 교수 · 학습 방법

교류발전

유아들은 나누고 배려하며 열심히 일하는 형제의 손이 아름답다는 것을 느끼고 형제의 손에 관심을 가진다. 주변에서 아름다운 손을 찾아보고 어떤 손에서 아름다움을 느끼는지 이야기 나눈다.

의좋은 형제들처럼 우리 주변에서 아름다운 손을 가진 사람들을 찾아본다. 집에서 부모님과 함께 찾아낸 사진이나 그림을 소개하기도 하고, 열심히 일하는 가족들의 사진을 보여 주기도 한다. 의좋은 형제처럼 열심히 일하는 손, 서로 돕는 손, 나누어 주는 손 등을 찾아서 소개하고, 아름다운 행위의 보람과 결과에 대해 서로 이야기 나눈다. 일상생활 속에서도 서로 돕고 나누는 행동이 많아지면서 교실 안에 사랑이 꽃피는 나무를 만들어 사랑의 행동을 할 때마다 꽃을 하나씩 붙여 나간다.

"의좋은 형제처럼 땀 흘리며 열심히 일하는 사람들을 찾았어."
"운동선수들도 의좋은 형제처럼 열심히 땀 흘리면서 연습해. 아름다운 손은 땀 흘리는 손인가 봐."
"땀이 나지 않지만 열심히 공부하는 누나의 손도 멋진 손이야."
"다른 사람을 도와주기 위해 열심히 일하는 손은 고마운 손이야."

"열심히 재미있는 이야기를 만들고 있는 친구들의 모습이야."
"열심히 놀이하다 보면 가끔은 힘들기도 하지만 재미있어."
"의좋은 형제도 열심히 일할 때 우리처럼 재미있었을 거야."
"재미가 있으니까 더 열심히 하는 거야."
"그럼 열심히 하니까 재미있는 것이고, 재미있으니까 또 열심히 하는 것이고…… 계속 돌고 돌아. 그것도 재미있네?"

"열심히 친구들에게 반찬을 나누어 주는 손을 찾아냈어."
"친구의 손은 열심히 일하는 손이고, 사랑을 나누어 주는 손이야. 그래서 아름다운 손이지."
"아름다운 손은 우리 교실에도 많이 있구나."

핵심역량

심미적 감성 역량
- 삶의 질 추구하기: 일상에서 아름다운 손을 찾아보며 의미 있는 삶의 가치를 추구한다.

자기관리 역량
- 자아정체성 갖기: 친구와 자신의 일상을 돌아보며 자신을 이해하고 긍정적인 자아개념을 갖는다.

공동체 역량
- 상호존중하기: 열심히 살아가는 사람들의 삶을 이해하고 존중한다.

이와 같은 활동상황을 일일교육실행서로 제시하면 다음과 같다.

일일교육실행서

놀이주제	사랑이 꽃피는 나무 만들기
날짜	년 월 일 요일
일과 시간표	* 유치원이나 어린이집의 하루 일과를 간단히 기록
놀이 이야기 (영유아행동 관찰)	유아들은 교실에 사랑이 꽃피는 나무를 만들어 게시하고, 서로 돕고 나누는 사랑의 마음을 찾으면 사랑이 꽃피는 나무에 꽃을 붙여 나가기로 한다. 교사는 유아들이 나무를 만드는 데 필요한 재료를 제공하고, 게시할 장소를 마련해 준다.  "아직 나무에 꽃이 많이 없네." "나무에 꽃이 피려면 우리가 사랑의 마음을 많이 찾아야 해." "내가 넘어졌을 때 한솔이가 손을 잡아 주었어. 그러니까 나무에 빨간 꽃 한 송이를 붙일 수 있어." "내일이 되면 더 많은 꽃이 필 거야." 유아들은 도움이 필요한 친구를 도와줄 때, 서로 협력해서 문제를 해결할 때, 자신의 것을 친구에게 나누어 줄 때, 친구의 속상한 마음을 위로해 줄 때, 사랑이 꽃피는 나무로 달려가서 꽃을 붙이고 서로 이야기 나눈다. 나무에 꽃이 늘어날 때마다 꽃의 개수를 세어 보고, 사랑의 마음을 나누는 자신들의 모습을 뿌듯해하고 자랑스러워한다. 반면, 놀잇감을 나누지 않거나 다툼이 일어나는 경우에는 사랑이 꽃피는 나무에서 꽃을 떼어 내야 한다는 의견도 제시한다. 꽃을 떼어 내자는 의견에 유아들의 의견이 다양하여 합의를 보지 못한다. 유아들은 좀 더 생각해 보자는 교사의 제안을 받아들인다.
영유아 문화문해	• 사랑이 꽃피는 나무를 통해 눈으로 보이지 않는 사랑의 마음을 직접 확인하면서 일상에서 사랑의 마음을 나누는 행위와 말에 관심을 보인다.
문화문해 과정	• 자기관리 역량 - 자기주도하기: 자율적으로 친구들을 돕고 서로 협력한다. • 공동체 역량 - 상호존중하기: 서로의 생각과 행동을 존중하고 배려한다. • 교류발전 - 사랑이 꽃피는 나무를 구성하고 꽃을 피워 나가는 놀이로 의좋은 형제의 나눔을 일상에서 실천한다. - 사랑이 꽃피는 나무를 통해 유아는 자신의 모습을 되돌아보면서 서로 돕고 나누는 행위를 실천한다.
추후 계획	• 교류발전 - 나의 가장 소중한 물건을 나누는 바자회 열기

6) 부엉이와 달의 의미 탐구하기

(1) 달의 의미 탐구하기

문화문해교육 교수 · 학습 방법

관찰탐구/상상표현

역할놀이와 인형극놀이에서 항상 등장하는 달에 관심을 갖는다. 의좋은 형제가 왜 하필 깜깜한 밤에 볏단을 나누었는지 토의하면서 달과 관련된 자료를 수집하여 달에 대한 궁금증을 해결해 나간다.

유아들의 역할놀이와 인형극놀이에는 항상 보름달이 등장한다. 보름달이 된 유아는 깜깜한 밤에 볏단을 나르는 의좋은 형제의 나눔을 지켜보는 중요한 역할을 담당하고 있다. 형제가 왜 깜깜한 밤에 볏단을 나르게 되었는지에 대해 이야기 나누면서 달에 대한 호기심을 가진다. 달이 나오는 그림책을 읽어 보기도 하고 달과 관련된 정보그림책, 신문기사, 사진과 그림 등을 찾아보면서 달의 특성을 조사한다. 알아낸 자료를 역할극에 활용하여 놀이한다.

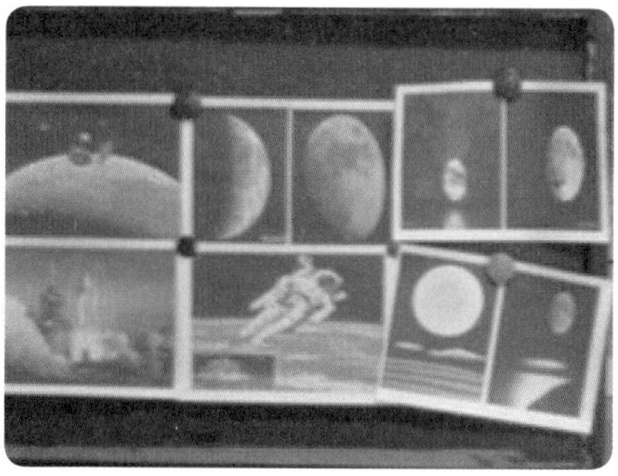

"달의 모양은 매일 똑같지 않아. 둥근 달이 모두 다 보이지 않기 때문이야."
"우주인이 우주선을 타고 달나라에 간 적도 있었대."
"달을 밟으면 어떤 느낌일까? 노란 발자국이 남을 것 같아."

"해님과 달님은 서로 만나지 못해. 해님은 낮에만 있으니까."
"의좋은 형제 이야기에는 제일 크고 둥근 보름달이 지켜보고 있어."
"형제의 밤길을 지켜 주는 것은 보름달이야. 가장 밝은 빛을 비추어야 하거든."

의좋은 형제에 나오는 보름달의 모습을 살펴보고, 역할놀이로 보름달의 생각과 감정을 재현하고, 그 마음을 글로 기록한다. 유아들은 점차 보름달의 마음에 공감하면서 보름달에 대한 궁금증을 해결하고 의좋은 형제 이야기 속 보름달의 의미를 이해해 나간다.

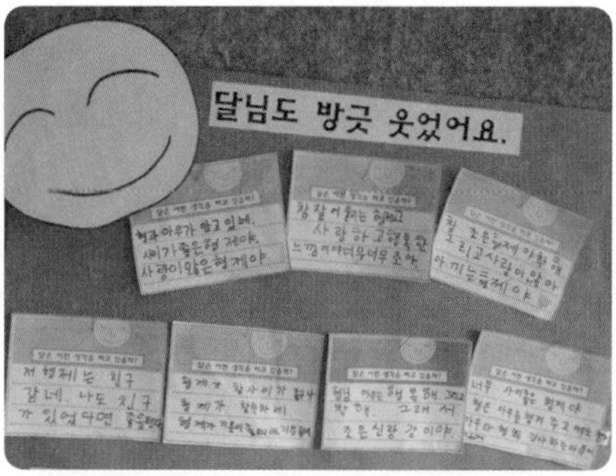

"형과 아우가 알고 있네. 정말 사이가 좋은 형제야."
"사랑이 많은 형제구나."
"내가 형제의 밤길을 밝혀 줘야지. 어두운 밤길이니까."
"가장 밝은 빛을 낼 수 있도록 보름달이 되어야겠어."
"나도 의좋은 형제와 같은 친구가 있었으면 좋겠다."

핵심역량	지식정보처리 역량 - 문제 · 과제 인식하기: 의좋은 형제의 밤길을 비춰 주는 보름달에 대해 궁금증을 갖는다. - 해결책 탐색하기: 달에 관한 정보를 다양한 방법으로 수집한다. - 해결 및 평가하기: 달에 대한 궁금증을 해결하고 역할놀이에 활용한다. 심미적 감성 역량 - 삶의 질 추구하기: 의좋은 형제 이야기 속 보름달의 의미를 이해한다. 의사소통 역량 - 표현하기: 의좋은 형제 이야기 속 보름달의 의미를 언어적 · 비언어적 방법으로 표현한다. 공동체 역량 - 자연과 통합하기: 달의 변화 과정을 이해한다.

(2) 부엉이의 의미 탐구하기

문화문해교육 교수 · 학습 방법

관찰탐구/상상표현

역할놀이와 인형극놀이를 하면서 부엉이에 관심을 갖는다. 의좋은 형제가 볏단을 나르는 동안 부엉이는 어떤 생각을 하며 형제를 지켜보고 있는지 토의한다. 부엉이와 관련된 자료를 수집하여 살펴보면서 궁금증을 해결해 나간다.

의좋은 형제의 밤길을 밝혀 주는 것이 달님뿐만 아니라 부엉이도 있다는 것을 알아낸다. 유아들은 역할놀이를 하면서 달님과 함께 나오는 동물이 부엉이인지 올빼미인지 궁금해하며 토의한다. 궁금함을 해결하기 위해 관련 자료들을 찾아보면서 올빼미와 부엉이의 차이점을 찾아내고, 의좋은 형제에 등장하는 동물이 부엉이라는 것을 알아낸다.

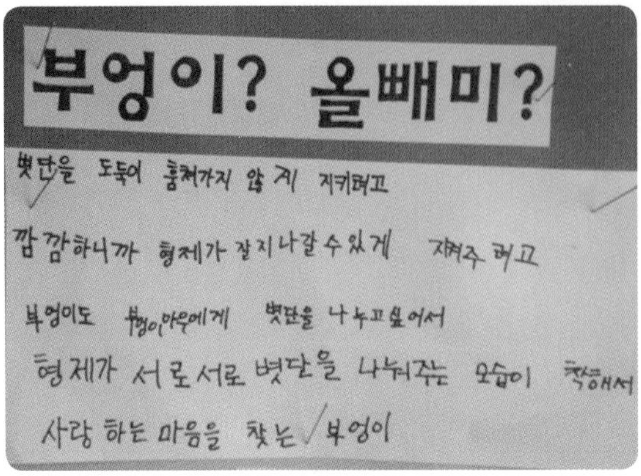

"나무에 앉아 있는 것은 올빼미일까, 아니면 부엉이일까?"
"부엉이와 올빼미는 정말 비슷하게 생겼구나. 그런데 올빼미는 귀가 없대. 이것 좀 봐!"
"의좋은 형제가 어두운 밤에 볏단을 나르고 있는 것을 부엉이가 지켜 주는 것이 아닐까?"
"부엉이는 나무에 앉아서 사랑하는 마음을 찾고 있을지도 몰라."
"나도 부엉이가 되면 어떤 친구가 마음속에 사랑이 들어 있는지 볼 수 있을 거야."

핵심역량

지식정보처리 역량
- 문제 · 과제 인식하기: 의좋은 형제의 밤길을 비춰 주는 부엉이에 대해 궁금증을 갖는다.
- 해결책 탐색하기: 부엉이에 관한 정보를 다양한 방법으로 수집한다.
- 해결 및 평가하기: 부엉이에 대한 궁금증을 해결하고 역할놀이에 활용한다.

심미적 감성 역량
- 삶의 질 추구하기: 의좋은 형제에 나오는 부엉이의 의미를 이해한다.

의사소통 역량
- 표현하기: 의좋은 형제에 나오는 부엉이의 의미를 언어적 · 비언어적 방법으로 표현한다.

공동체 역량
- 자연과 통합하기: 인간과 함께 살아가는 부엉이를 이해하고 배려한다.

(3) 부엉이와 달의 의미 표현하기

문화문해교육 교수 · 학습 방법

교류발전

의좋은 형제에 등장하는 보름달과 부엉이의 의미를 이해한 유아들은 일상에서 부엉이와 보름달을 활용한다. 교실에 등장한 부엉이와 보름달은 유아들이 생활하는 모습을 지켜보며 아름다운 마음을 가진 친구들을 찾는다.

유아들은 부엉이와 보름달을 형제의 사랑을 지켜 주는 든든한 존재로 해석하고 교실에 걸어 놓을 부엉이와 보름달을 만든다. 교실에 등장한 부엉이와 보름달은 하루 종일 유아들이 생활하는 모습을 유심히 지켜보면서 의좋은 형제처럼 서로 나누고 배려하는 아름다운 마음을 찾아낸다. 유아들은 자신과 친구들을 늘 그 자리에서 지켜보고 있는 부엉이와 보름달을 바라보면서 일상생활 속에서 아름다운 마음을 실천하고자 노력한다.

"의좋은 형제의 밤길을 지켜 주는 부엉이가 우리 교실에도 왔어."
"우리 교실에서 사랑의 마음을 찾고 있는 거야."
"사랑의 마음을 나누는 친구를 찾으면 부엉이의 마음도 행복해질 거야."
"그럼 우리 마음도 부엉이처럼 행복해지는 거겠네?"

"달님은 사이좋게 지내는 우리 모습을 보면 활짝 웃어."
"그런데 우리 교실에 다툼이 생기면 슬픈 얼굴로 변해. 우리가 사랑을 나누지 못하면 달님의 마음도 슬퍼지기 때문이야."
"그럼 달님 얼굴을 슬픈 표정으로 바꾸어야 할 것 같아."
"달님은 우리가 얼마나 사랑하는 마음을 나누는지 매일매일 살펴보고 있어."
"우리가 사이좋게 지내서 달님이 매일매일 웃으면 좋겠다."

핵심역량

심미적 감성 역량
- 삶의 질 추구하기: 의좋은 형제 이야기에서 보름달과 부엉이가 갖는 의미를 이해하고 보다 나은 삶을 위해 일상에서 실천한다.

자기관리 역량
- 자기조절하기: 자신을 지켜보고 있는 보름달과 부엉이를 기억하고 자신의 감정을 조절한다.

공동체 역량
- 상호존중하기: 서로 배려하고 존중하며 창의적인 대인관계를 맺는다.
- 자연과 통합하기: 인간과 더불어 사는 자연을 존중하고 배려한다.

7) 사랑을 찾는 부엉이와 달님 되어 보기

문화문해교육 교수 · 학습 방법

통합실천

유아가 직접 부엉이와 달님이 되어 일상에서 사랑의 마음을 실천하는 사례를 찾아본다. 유아가 찾아낸 사랑의 마음에는 어떤 것들이 있는지 서로 이야기 나누고 여러 가지 사례를 한데 모아 본다.

부엉이와 달님의 의미를 찾아낸 유아들은 자신이 부엉이와 달님이 되어 일상에서 사랑의 마음을 실천하는 사례를 찾아서 이야기 나눈다. 유아들은 '내가 슬플 때 위로해 주는 것' '장난감을 나누어 쓰는 것' '양보하는 것' '용기를 낼 수 있도록 힘을 주는 것'과 같은 행동이 사랑의 마음이라고 정의한다. 사랑의 마음을 표현하는 다양한 사례를 그림이나 사진, 글 등으로 기록하여 모은다.

"누가 나를 때리거나 괴롭힐 때 내 편을 들어 주고 울지 말라고 이야기해 주는 것이 사랑이야."

"서로 욕심 부리지 않고 장난감을 같이 나눠 쓰는 것이 사랑이야."

"컴퓨터를 먼저 하고 싶은데도 친구에게 먼저 하라고 양보해 주는 것이 사랑이야."

"무서운 것이 있을 때 용기를 낼 수 있게 힘이 되어 주는 것이 사랑이야."

핵심역량

심미적 감성 역량

- 삶의 질 추구하기: 일상에서 찾아본 사랑의 마음에 공감하며 일상에서 실천한다.

공동체 역량

- 상호존중하기: 함께 생활하는 사람들을 존중하고 배려한다.
- 참여 및 소속감 갖기: 사회의 일원으로서 다른 사람을 사랑하는 마음을 갖는다.

8) 밤의 의미 탐구하기

(1) 우리들이 밤에 하는 일 알아보기

문화문해교육 교수 · 학습 방법

관찰탐구/교류발전

의좋은 형제의 밤에 관심을 가지면서 유아들의 밤은 무엇을 하는 시간인지 조사해 본다. 유아 자신뿐만 아니라 가족들에게 밤은 어떤 시간인지 알아보고 밤 풍경을 역할놀이로 표현한다.

의좋은 형제의 밤은 아무도 모르게 볏단을 나르는 시간이다. 의좋은 형제의 밤과 달리, 유아들의 밤은 어떤 일을 하는 시간인지 일상의 밤을 관찰하고 조사한다. 조사 결과, 유아들의 밤은 대부분 부모님과 함께 그림책을 읽거나 TV를 보는 시간, 형과 누나 또는 오빠와 언니들은 숙제를 하는 시간, 그리고 잠을 자면서 꿈을 꾸는 시간이었다. 유아들의 조사 내용을 토대로 교실을 밤 풍경으로 꾸미고 우리 집의 밤 시간을 역할놀이한다. 역할놀이를 하면서 의좋은 형제의 밤을 떠올리기도 하고, 의좋은 형제의 밤과 연관 지어 새롭게 밤 풍경을 상상하기도 한다.

"우리들은 밤에 눈을 감고 꿈나라로 떠나."
"꿈에서 별나라로 떠나기도 하고, 요정을 만나기도 해."
"잠들기 전에 엄마와 함께 그림책을 봐."
"의좋은 형제도 혹시 꿈을 꾸고 있는 건 아닐까?"

"깜깜한 밤을 만들어 보자."
"까만 하늘에 달이 떠 있고 별들도 반짝거려."

"보름달을 보고 소원을 비는 날도 있을 거야."
"가족들 모두 건강해지라고."
"정말 밤이 된 것 같아."

핵심역량

지식정보처리 역량
- 문제 · 과제 인식하기: 의좋은 형제의 밤과 비교하여 일상의 밤에 궁금증을 갖는다.
- 해결책 탐색하기: 유아가 경험하는 일상의 밤을 조사하고 자료를 수집한다.
- 해결 및 평가하기: 유아들이 조사한 자료를 종합하여 일상의 밤 풍경을 정리한다.

의사소통 역량
- 표현하기: 유아들이 조사한 밤 풍경을 언어적 · 비언어적 방법으로 표현한다.
- 의미 구성하기: 일상 속에서 밤의 의미를 구성한다.
- 이해하기: 의좋은 형제의 밤과 비교하며 일상에서 밤에 하는 일을 이해한다.

(2) 밤 풍경이 나오는 이야기 비교하기

문화문해교육 교수 · 학습 방법

관찰탐구

의좋은 형제와 같이 '밤'을 배경으로 하는 이야기를 찾아서 읽어 본다. 이야기에 나오는 밤 풍경은 의좋은 형제의 밤과 어떻게 다른지 비교해 보면서 이야기에 나오는 밤의 의미를 해석해 본다.

『신데렐라』 그림책을 보던 중 의좋은 형제 이야기처럼 '밤' 이야기가 나온다는 것을 발견한다. 이를 계기로 밤을 배경으로 하는 이야기에 관심을 가지고 그림책을 찾아본다. 밤을 배경으로 하는 여러 가지 그림책을 집에서 가져오거나 유치원에서 찾아서 함께 읽어 보고, 밤 이야기를 비교하며 공통점과 차이점을 알아본다. 다른 이야기에 나오는 밤은 의좋은 형제의 밤과 무엇이 다른지 비교해 보기도 한다.

"밤 이야기가 나오는 책들이 많아. 도깨비들도 밤에 나타나지?"
"깜깜한 밤에는 아무도 모르는 신기한 일들이 많이 있어."
"요정들이 밤에 나타나서 몰래 힘든 일을 도와주고 사라져."

핵심역량

지식정보처리 역량
- 문제 · 과세 인식하기: 의좋은 형제처럼 '밤'을 배경으로 하는 이야기를 찾아보기로 한다.
- 해결책 탐색하기: '밤'을 배경으로 하는 이야기를 수집하여 비교해 본다.
- 해결 및 평가하기: 이야기에 나오는 '밤'의 의미를 해석한다.

심미적 감성 역량
- 감상하기: '밤'을 배경으로 하는 여러 가지 문학작품을 감상한다.

(3) 밤에 몰래 나누기

문화문해교육 교수 · 학습 방법

교류발전

유아들은 자신이 수확한 고구마를 의좋은 형제처럼 남몰래 나눌 수 있는 방법에 대해 토의한다. 의좋은 형제가 되어 다른 반 친구들이나 동생들이 눈치채지 못하게 직접 수확한 고구마를 교실 문 앞에 몰래 가져다 놓고 뿌듯해한다.

유아들은 의좋은 형제가 볏단을 서로 몰래 나누어 주다가 달밤에 마주치는 장면을 역할놀이로 계속 반복하며 즐긴다. 서로 마주치지 않으려면 어떻게 해야 하는지 상상해 보기도 하고, 왜 형제는 낮이 아닌 깜깜한 밤에 볏단을 날랐는지 토론한다.

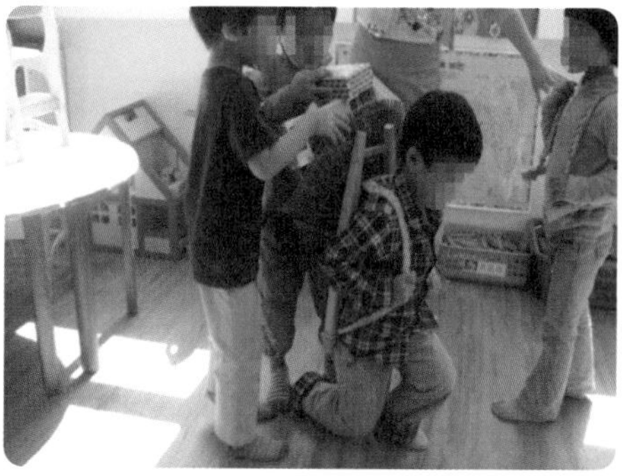

"해님이 있을 때는 너무 밝아서 금방 들킬 수 있어."
"왜냐하면 아무도 모르게 나누어 주어야 하기 때문이야."
"몰래 나누어 주려면 사람들이 보지 못하는 깜깜한 밤이어야 해."
"그래도 달님은 알고 있어. 보고 있었으니까."
"아마 부엉이도 알고 있었겠지?"

밭에서 고구마를 수확한 유아들은 의좋은 형제처럼 함께 나누어 먹을 수 있는 방법을 생각한다. 의좋은 형제가 달밤에 몰래 볏단을 나누었던 것처럼 자신들도 고구마를 몰래 나누어 주자고 제안하고, 다른 반 동생들과 친구들에게 몰래 나눌 수 있는 방법을 토론한다. 유아들은 자신이 수확한 고구마를 바구니에 담아서 다른 반 교실 앞에 몰래 가져다 놓는다. 그리고 마니또 게임을 통해 몰래 친구를 도와주고, 친구를 도와줄 때와 도움을 받았을 때 기분이 어땠는지에 대해 이야기 나눈다.

"의좋은 형제처럼 우리가 수확한 고구마를 동생들에게 나누어 주려고 해."
"동생들이 모르게 살금살금 가서 고구마를 교실 문 앞에 두고 오는 건 어때? 그러면 아무도 모를 거야."
"그거 좋겠다. 살금살금 발자국 소리도 나지 않게 조심해!"
"동생들이 고구마 바구니를 보면 깜짝 놀라겠지?"

핵심역량	
	심미적 감성 역량 - 삶의 질 추구하기: 의좋은 형제의 마음을 이해하고 일상생활 속에서 나눔을 실천한다. 공동체 역량 - 상호존중하기: 다른 사람의 생각과 감정에 공감하며 함께 나누고 배려한다.

이와 같은 활동상황을 일일교육실행서로 제시하면 다음과 같다.

일일교육실행서

<table>
<tr><td>놀이주제</td><td>마니또 게임하기</td></tr>
<tr><td>날짜</td><td>년 월 일 요일</td></tr>
<tr><td>일과 시간표</td><td>* 유치원이나 어린이집의 하루 일과를 간단히 기록</td></tr>
<tr><td>놀이 이야기 (영유아행동 관찰)</td><td>교사는 유아들에게 마니또 게임을 제안한다. 유아들은 교사의 제안을 받아들여 마니또 게임에 필요한 상자와 이름카드를 만들고 게임의 규칙을 정한다.
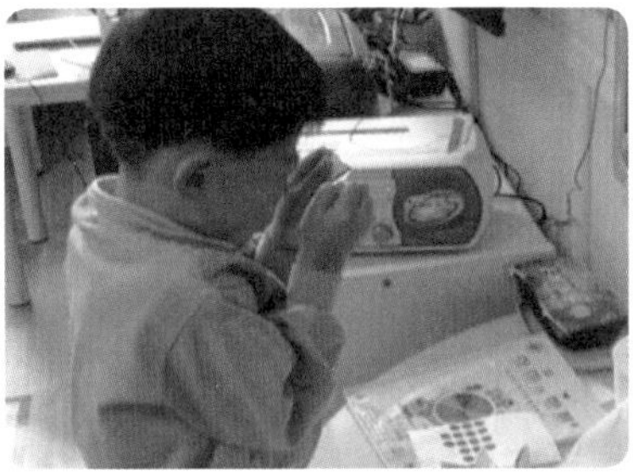
"오늘의 내 짝은 수현이야. 내 짝이 누구인지는 나만 알고 있는 비밀이야. 쉿!"<br>"의좋은 형제처럼 마니또 친구를 몰래 도와줄 거야."
"나를 도와주는 마니또 친구는 누구일까?"<br>"내가 도와줄 수 있는 일이 많았으면 좋겠다."
유아들은 상자에서 이름카드를 뽑아서 자신의 마니또가 누구인지 확인한다. 바깥놀이를 나갈 때 신발을 챙겨 주거나, 치약을 짜 주거나, 도시락 주머니를 챙겨 주기도 하고, 놀잇감을 양보해 주기도 하면서 자신의 마니또를 몰래 도와준다. 물병의 뚜껑을 대신 열어 주다가 "내가 혼자 할 수 있어."라며 화를 내는 친구 때문에 당황스러워하기도 한다. 하루를 지내는 동안 자연스럽게 자신을 도와준 친구가 누구인지 알아채는 유아도 있다. 귀가 전 자신을 도와준 친구가 누구인지 알아맞혀 보면서 오늘 하루 자신에게 도움을 주었던 마니또 친구에게 감사의 마음을 전한다.</td></tr>
<tr><td>영유아 문화문해</td><td>• 유아는 자신이 도움을 받은 것보다 마니또 친구를 몰래 도와주는 것에 더 관심을 보이고 만족감을 나타낸다.
• 마니또 친구를 돕기 위해 도움이 필요한 상황과 친구의 행동을 유심히 관찰한다.</td></tr>
<tr><td>문화문해 과정</td><td>• 공동체 역량
- 상호존중하기: 친구의 마음을 이해하고 친절을 베푼다.
• 교류발전
- 마니또 게임으로 친구에 대한 관심이 많아졌고, 도움이 필요한 상황과 맥락을 판단하여 적절하게 도움을 줄 때 의미가 있음을 이해한다.</td></tr>
<tr><td>추후 계획</td><td>• 교류발전
- 나에게 도움을 준 친구에게 감사의 편지 쓰기</td></tr>
</table>

협력과 성장: 함께 해결해요

맥락 속에서 의미를 파악한다는 것은 무엇인가요?

일반적으로 문학적 접근법을 하는 것과 어떻게 다른 것인지 모르겠어요. 하다 보면 마치 문학적 접근법을 하고 있는 느낌이 들어요. 문학적 접근법에서도 그림책 속에 나오는 것을 알아보고 앞뒤가 이어지는 이야기를 지어 보는 것과 같은 활동을 해요.

노을유치원 4세반 김 교사

이전까지는 다른 것을 알기 위해 그림책을 이용하는 경우가 많았어요. 그러다 보니까 그림책 자체가 가지고 있는 본래의 의미를 놓치는 경우도 생기게 됩니다. 맥락 속에서 의미를 파악해 나간다는 것의 가장 좋은 예는 바로 '의좋은 형제'의 '밤'입니다. 일반적으로 동화 프로젝트라면 동화 속에 나오는 '밤'에 대한 탐구가 이루어지겠지요. 이야기의 맥락과는 상관없이 낮과 밤에 대한 과학적 정보를 탐구해 나가게 되겠지만, 맥락 속에서 밤의 의미를 읽어 내는 것은 과학적 정보를 알아 가는 것 이상의 과정이 필요합니다. 의좋은 형제에 나오는 '밤'은 사랑의 마음을 남몰래 실천하는 '밤'의 특별한 의미를 가지고 있어서, '밤'이라는 것에 대해 어떻게 접근하는가에 따라 교육의 목표는 많이 달라집니다.

저자

9) 형제 이야기 비교하기

(1) 형제자매가 나오는 이야기 찾아보기

문화문해교육 교수 · 학습 방법

관찰탐구

의좋은 형제처럼 형제자매가 나오는 이야기를 찾아본다. 이야기 속 형제자매의 모습을 의좋은 형제와 비교해 보고 공통점과 차이점을 조사한다.

그림책을 살펴보면서 의좋은 형제처럼 형제자매가 나오는 이야기가 있다는 것을 발견한다. 『콩쥐팥쥐』『신데렐라』『헨젤과 그레텔』『홍부와 놀부』『백조 왕자』 등 형제자매가 나오는 여러 가지 그림책을 찾아서 읽어 보고 이야기 나눈다. 각각의 이야기에 등장하는 형제자매는 의좋은 형제와 어떻게 다른지 또는 비슷한 점은 무엇인지 조사한다.

"형제가 나오는 이야기들이 이렇게 많아."
"나도 동생이 있는데 우리랑 똑같네."
"놀부는 흥부에게 쌀을 나눠 주지 않았어."
"팥쥐도 콩쥐를 힘들게 했잖아."
"이런 이야기들은 의좋은 형제와 똑같지 않아."
"왜 놀부는 의좋은 형제처럼 나누어 주지 않았을까?"

핵심역량

지식정보처리 역량
- 문제 · 과제 인식하기: 의좋은 형제처럼 형제자매가 나오는 이야기에 호기심을 가지고 찾아본다.
- 해결책 탐색하기: 형제자매가 나오는 이야기를 수집하여 공통점과 차이점을 조사한다.
- 해결 및 평가하기: 이야기 속 형제자매를 통해 의좋은 형제 이야기의 가치를 재인식한다.

심미적 감성 역량
- 감상하기: 형제자매가 나오는 문학작품을 감상한다.

(2) 주인공을 바꾸어 이야기 짓기

문화문해교육 교수 · 학습 방법

상상표현

형제자매가 나오는 여러 이야기를 살펴보면서 만약 주인공이 바뀐다면 어떤 이야기가 전개될지 상상한다.

유아들이 수집한 형제자매 그림책을 살펴보면서 의좋은 형제와 다른 점을 이야기 나눈다. 만약 의좋은 형제의 주인공이 흥부와 놀부였다면 또는 흥부와 놀부 이야기의 주인공이 의좋은 형제였다면 이야기는 어떻게 달라졌을지 주인공을 바꾸어 이야기를 지어 본다.

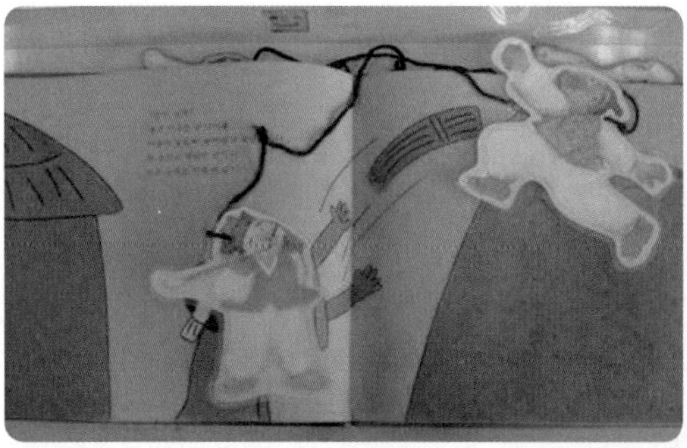

"만약 놀부였다면 어떻게 했을까?"
"아마 흥부네 볏단을 자기 집에 몰래 날랐을 거야. 그럼 놀부네 볏단이 훨씬 많아지는 거지."
"그럼 흥부네 볏단은 점점 줄어들겠네?"
"달님이 지켜보고 있는데도 가져갈 수 있을까?"
"아마 달님이 흥부네 볏단을 지켜 줄지도 몰라."

"흥부는 아마 볏단을 놀부에게 나누어 주었을 거야. 흥부는 가난하지만 마음씨가 착하니까."
"그런데 놀부 부부는 얼른 가서 흥부네 볏단을 빼앗아 오자고 소곤소곤 이야기하고 있어."
"놀부의 마음속에는 사랑이 없어서 그런 거야."
"그럼 혹시 부엉이가 화가 나서 놀부를 벌주지 않을까?"

핵심역량

창의적 사고 역량
- 참신하게 사고하기: 주인공을 바꾸어 이야기를 짓는 데 호기심을 가지고 상상한다.
- 적절하게 사고하기: 주인공의 특성과 이야기의 맥락에 맞게 새로운 이야기를 지어 본다.

의사소통 역량
- 표현하기: 상상한 내용을 언어적 · 비언어적 방법으로 표현한다.
- 의미 구성하기: 주인공의 관점에서 맥락적으로 의미를 구성한다.
- 이해하기: 이야기의 내용을 파악한다.

10) 소중한 것을 몰래 나누기

(1) 형제가 나눈 쌀의 의미 탐구하기

문화문해교육 교수 · 학습 방법

관찰탐구

볏단을 나르는 형제의 모습을 역할놀이하면서 유아들은 형제가 쌀을 나눈 이유에 대해 호기심을 갖는다. 형제는 왜 농사를 지었고, 수확한 쌀은 형제에게 어떤 의미가 있는 것인지 토의하고 조사한다.

유아들은 볏단과 지게, 창고를 만들어서 역할놀이에 활용한다. 유아들은 볏단뿐만 아니라 집 안의 여러 물건을 형과 아우의 집으로 나르기도 하고, 함께 음식을 나누어 먹기도 한다. 역할놀이 과정에서 유아들은 의좋은 형제가 왜 힘들게 농사를 지었으며, 왜 볏단을 서로에게 나누어 주려고 했는지를 궁금해한다. 농사와 쌀에 대해 조사하고 토론하면서 옛날 사람들의 삶을 역할놀이로 재현한다.

"농사를 지어서 쌀을 얻으면 가족들이 먹을 것이 많아져."
"쌀로 밥을 짓는 것이니까 쌀은 중요한 거야. 쌀이 없으면 우리는 밥을 못 먹어."
"밥이 없으면 큰일 나. 그러니까 열심히 농사를 지어서 쌀을 만들어야 해."
"농부 아저씨, 감사합니다."
"아하! 의좋은 형제가 농부 아저씨구나!"

"영차영차! 볏단을 나누어 주자."
"이 볏단은 내가 여름에도 땀 흘리며 농사지은 거야."
"우리 가족들도 먹어야 하는 것이니까 소중한 보물인데…… 그래도 형님에게 나눠 줘야 해. 형님네는 식구가 많으니까."
"얼른 몰래 갖다 주고 오세요. 제가 도와 드릴게요."

핵심역량	지식정보처리 역량 – 문제 · 과제 인식하기: 의좋은 형제가 왜 볏단을 나누었는지 궁금해한다. – 해결책 탐색하기: 농사와 쌀에 관한 정보를 수집한다. – 해결 및 평가하기: 수집한 정보를 토대로 형제가 왜 쌀을 나누었는지 알아낸다.

(2) 의좋은 형제의 마음으로 간식 나누기

문화문해교육 교수 · 학습 방법

교류발전

의좋은 형제의 마음처럼 사탕을 나눈다. 똑같은 양으로 사탕을 나눈 뒤 나머지 3개를 어떻게 나눌 것인지 토의한다. 남은 사탕 중 한 개는 결석한 친구를 위해 남겨 두고, 사탕을 떨어뜨려 못 먹게 된 친구와 선생님께 한 개씩 나누어 주기로 한다.

7명의 유아들에게 24개의 사탕이 생겼다. 유아들은 사탕을 어떻게 나누어 먹을 것인지 각자 의견을 내고 토의한다. 우선 24개의 사탕을 돌아가면서 한 개씩 나누어 갖는다. 그러자 7명의 유아는 각자 3개의 사탕을 갖게 되었고, 최종적으로 사탕 3개가 남는다. 나머지 사탕 3개를 어떻게 나눌 것인지 의논하다가 유아들은 오늘 결석한 친구를 위해 사물함에 사탕 한 개를 넣어 두기로 한다. 사탕을 떨어뜨려 못 먹게 된 친구에게 사탕 한 개를 주고, 마지막 남은 한 개의 사탕은 선생님께 드리기로 결정한다.

"사탕을 어떻게 나누지?"
"사탕이 많으니까 5개씩 먹어도 될 것 같아."
"아니야. 모자랄지도 몰라. 사탕을 세어 보자."
"하나, 둘, 셋, 넷…… 스물 네 개야."
"어떻게 나누지?"
"그럼 우선 한 개씩 가져 보자."
"와~ 사탕이 똑같이 3개야. 그런데 3개가 남았네."
"우리가 4개씩 가지려면 사탕이 모자라."

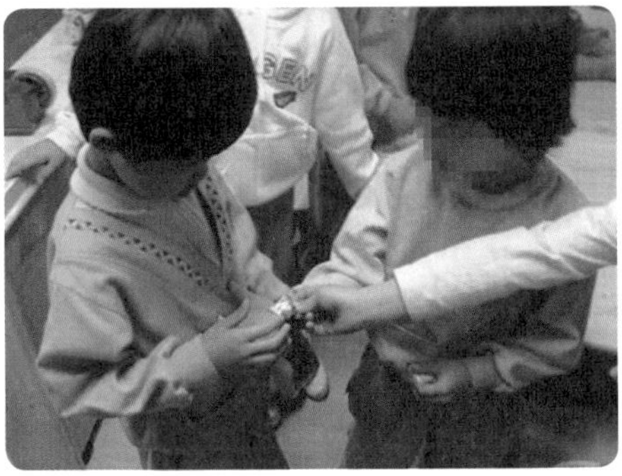

"에구~ 현아가 사탕을 떨어뜨려서 못 먹게 되었구나. 현아에게 한 개를 나누어 주면 어때?"
"좋은 생각이야!"

"오늘 한결이가 결석했는데 한결이 것을 남겨 놓을까? 한결이 사물함에 갖다 놓자."
"한결이가 보면 좋아하겠다. 그치?"
"우리도 의좋은 형제 같아."

핵심역량

창의적 사고 역량
- 합리적으로 사고하기: 공평하게 사탕을 나누기 위해 논리적으로 사고한다.

공동체 역량
- 상호존중하기: 친구들의 마음을 이해하고 배려하여 사탕을 나눈다.

협력과 성장: 함께 해결해요

생활 속에서 유아는 어떻게 실천하고 있나요?

의좋은 형제의 상징적 의미가 일상과 어떻게 연결되고 있나요?

저자

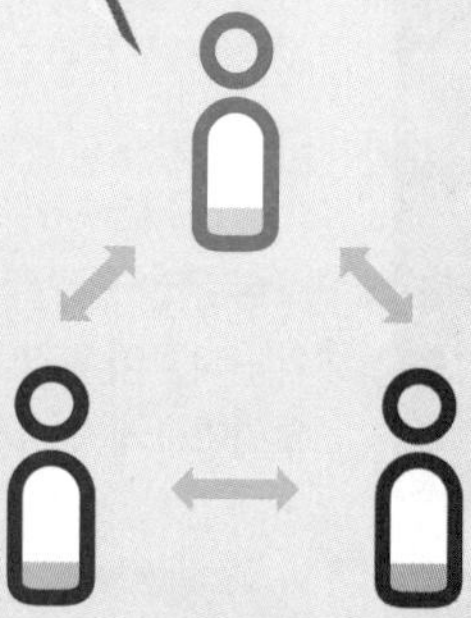

나가서 신나게 마당놀이를 하고 들어오는데 현관문 신발장 앞에 제 실내화가 가지런히 놓여 있었어요. 분명히 마당놀이 나갈 때 제 실내화를 벗어서 신발장 안에 넣어 놓았거든요. 너무 이상해서 아이들에게 "선생님 실내화가 왜 여기 있지?"라고 물었더니 아무도 대답을 안 하는 거예요. 나중에 알고 보니 선민이가 제 실내화를 꺼내 놓았다고 했어요. 선민이는 "나도 동화 속 주인공처럼 몰래 선생님 신발을 갖다 놨어요. 선생님이 빨리 신을 수 있을 것 같아서요." 하고 대답했어요. 눈물이 날 정도로 대견스러웠어요. 이런 것이 교육의 효과인 것 같기도 하고, 마음으로 느끼고 실천한다는 것이 이런 것이구나 실감하는 하루였어요.

달빛유치원 5세반 한 교사

동네에 사시는 할머니께서 어느 날 유모차에 무청을 잔뜩 싣고 오셨어요. 밭에서 무를 뽑았는데 무청이 많아서 아이들과 같이 국 끓여 먹으라고 유치원에 가져다주신 거예요. 너무 감사해서 아이들에게 그 무청을 보여 주고 이야기를 해 주었어요. 그랬더니 아이들이 "우리 동네에도 의좋은 형제가 살고 있네요." 하는 것이었어요. 순간 미처 거기까지 생각하지 못하고 그저 할머니의 마음이 고마워서 아이들에게 알려 주었던 것인데, 아이들은 스스로 의좋은 형제와 할머니의 행동을 연결하고 있었어요. 아이들이 동네 할머니까지도 이 활동에 통합시키고 있는 것을 보니 어느새 아이들이 성큼 자라 있는 것을 느껴요. 이런 모습을 보면 교사로서 보람도 느끼게 돼요.

하늘유치원 4세반 최 교사

(3) 의좋은 형제의 마음이 담긴 게임판 만들기

문화문해교육 교수 · 학습 방법

관찰탐구

유아들은 주사위를 던져서 나오는 숫자만큼 게임판에 모를 심는 수놀이 게임판을 만들기로 계획한다. 일반적인 게임과 달리 의좋은 형제의 마음처럼 상대방의 논에 모를 많이 심어 주는 사람이 이기는 것으로 게임의 규칙을 정하고 놀이한다.

의좋은 형제 역할놀이를 하면서 유아들은 모내기 게임판을 만들어 보자는 교사의 제안에 동의하며 재미있는 주사위 게임판을 만들기 위한 방법을 논의한다. 처음에 유아들은 주사위를 던져 모판에 모를 많이 심는 사람이 이기는 것으로 규칙을 정하고 게임판을 만든다. 교구가 완성된 후 유아들은 자신이 만든 규칙대로 주사위를 던져 나오는 숫자만큼 게임판에 모를 심고, 최종적으로 모판의 수를 세어 모를 많이 심은 사람을 승자로 한다. 몇 번의 게임을 거치면서 차츰 유아들은 게임의 규칙이 의좋은 형제와 맞지 않다는 것을 발견하고 게임의 규칙을 바꿀 것을 제안한다. 그리하여 의좋은 형제의 마음을 담은 모내기 주사위 게임은 다른 수놀이 게임과 달리 자신의 논이 아닌 상대방의 논에 모를 많이 심어 주는 사람이 승자가 된다.

"우리가 만든 '농사를 지어요' 게임이야. 이 게임은 의좋은 형제의 마음으로 농사를 지어야 해."
"여기는 형님 논이고 옆에는 아우 논이 있어. 그래서 내 논에 모를 많이 심는 것이 아니라 친구 논에 모를 많이 심어 주어야 이길 수 있어."
"왜냐하면 내 것을 많이 나누어 주었기 때문에 마음이 더 넓어서 이기는 거지."

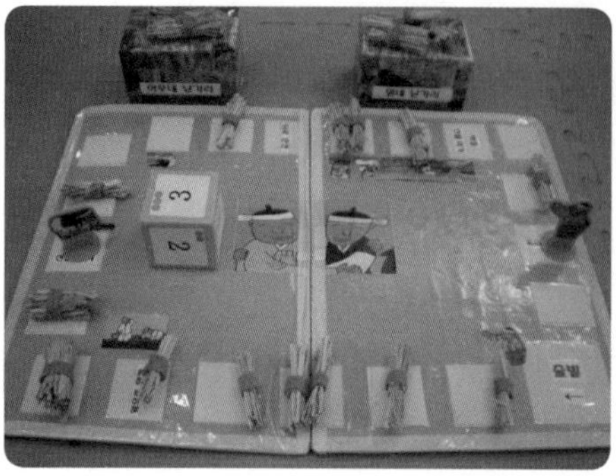

"의좋은 형제 주사위 게임을 만들었어."
"주사위 숫자만큼 말을 움직여서 볏단을 얻으면 친구에게 주어야 해."
"의좋은 형제처럼 친구의 창고에 볏단이 많이 쌓이게 되면 이기는 거야."
"와~ 우리가 의좋은 형제가 된 것 같아. 내가 많이 쌓아 줄게!"

핵심역량

창의적 사고 역량
- 적절하게 사고하기: 의좋은 형제 이야기의 맥락에 맞게 게임의 규칙을 고안한다.
- 합리적으로 사고하기: 논리적이고 합리적인 사고로 수놀이 게임을 계획하고 만든다.

공동체 역량
- 참여 및 소속감 갖기: 게임에 적극적으로 참여하며 협력한다.

11) 아름다운 이야기 나누기

(1) 아름다운 손 동시 짓기

문화문해교육 교수 · 학습 방법

교류발전/상상표현

의좋은 형제의 마음에 공감하면서 열심히 일하고 함께 나누며 배려하는 의좋은 형제의 손에 관심을 갖는다. 의좋은 형제의 손과 같이 일상에서 아름다운 손을 찾아서 그림이나 글로 기록하여 모은다. 어떤 손이 아름다운 손인지 살펴보고 동시를 짓는다.

의좋은 형제와 같이 아름다운 손을 가진 사람들을 주변에서 찾아본다. 아름다운 손을 가진 사람들의 사진을 모으고, 아름다운 손의 모습을 찾거나 생각날 때 포스트잇이나 종이에 적어서 게시판에 붙인다. 아름다운 손을 가진 사람들의 표정을 관찰하고, 아름다운 손이라고 생각하는 이유가 무엇인지 이야기 나눈다. 유아들은 모은 사진이나 글을 보면서 '힘들지만 땀 흘리며 열심히 일하는 손' '함께 나누는 손' '서로 도와주는 손'이 아름다운 손이라고 이야기한다. 아름다운 손을 가진 사람들의 표정을 살펴보고 그 마음에 공감하며 유아 자신의 느낌과 생각을 담아 '아름다운 손'을 주제로 동시를 짓는다. 유아들은 자신이 지은 동시를 친구들에게 읽어 주고 게시하며, 지속적으로 동시를 살펴보면서 새로운 단어를 덧붙여 더욱 아름다운 동시로 완성해 나간다.

친구의 장난감을 같이 정리해 주는 손은 아름다운 손입니다.
친구가 넘어졌을 때 일으켜 주는 손은 아름다운 손입니다.
쓰레기를 분리하여 버리는 손은 아름다운 손입니다.
사람이 아플 때 고쳐 주는 의사선생님의 손은 아름다운 손입니다.
가난한 사람을 돕는 그 손은 아름다운 손입니다.
산에 올라갈 때 위에서 잡아 주는 손은 아름다운 손입니다.

핵심역량	의사소통 역량 - 표현하기: 아름다운 손과 관련된 사진이나 글을 보고 아름다운 말로 표현한다. - 의미 구성하기: 아름다운 손과 관련된 사진이나 글을 보고 맥락에 맞게 의미를 구성한다. - 이해하기: 다른 사람의 이야기를 경청하며 사진이나 그림, 이야기의 내용을 이해한다.

(2) 열심히 일하는 나와 친구들의 모습 찾아보기

문화문해교육 교수 · 학습 방법

교류발전

일상에서 의좋은 형제와 같이 열심히 땀 흘려 일하는 나와 친구들의 모습을 찾아서 모은다. 유아들이 모은 자료를 토대로 새롭게 상상하여 나와 친구들의 이야기를 만들어 함께 공유한다.

열심히 일하는 유아 자신과 친구들의 모습을 사진으로 찍거나 글로 기록하기, 그림으로 그리기, 동영상으로 녹화하기 등 다양한 방법으로 모은다. 유아들이 모은 자료들을 단서로 새롭게 상상하여 열심히 일하는 나와 친구들의 이야기를 만들어 본다. 부모님이나 다른 학급 친구들을 초대하여 유아들이 만든 이야기를 역할극으로 공연하거나 사진전을 열어서 함께 공유한다.

"열심히 일하는 우리 모습이 담긴 사진을 전시해."
"내가 열심히 블록놀이 하는 모습도 있어."
"이건 마니또 게임을 하면서 몰래 친구를 도와줄 때 찍은 사진이다!"
"고구마를 캐서 동생 반에 몰래 나누어 주는 사진도 있어."
"와! 우리는 모두 의좋은 형제들이야."

핵심역량	지식정보처리 역량 - 해결책 탐색하기: 열심히 일하는 나와 친구들의 모습을 관찰하고 정보를 수집한다. 의사소통 역량 - 표현하기: 유아들이 찾아낸 열심히 일하는 나와 친구들의 모습을 다양한 방법으로 표현한다. - 의미 구성하기: 의좋은 형제 이야기의 맥락 속에서 관점을 가지고 나와 친구들의 모습을 관찰하고 의미를 구성한다. - 이해하기: 친구들의 수집한 사진과 글, 동영상 등의 내용을 이해하고 적절하게 반응한다.

(3) 사랑의 마음을 나누는 이야기 짓기

문화문해교육 교수 · 학습 방법

상상표현

의좋은 형제와 함께 활동하는 동안 유아들이 보고 듣고 느낀 경험 이야기를 책으로 만들거나 인형극, 동극 등으로 표현한다.

〈꿈으로 착해진 아내들〉

서로 나누지 않고 욕심 많은 아내들이 꿈을 꾸면서 착한 마음씨를 갖게 되어 함께 나누며 행복하게 살아간다.

〈웃다가 울다가 쌀 잔치〉

의좋은 형제처럼 마을 사람들이 서로 도와 농사를 짓고 사이좋게 쌀을 나누어 가족들과 행복하게 살아간다.

〈절교한 형제〉

놀부처럼 서로 많이 가지려고 싸움하다가 서로 절교하게 되었지만, 나중에는 서로의 마음을 이해하고 의좋은 형제가 된다.

〈우주로 간 의좋은 형제〉

의좋은 형제가 로켓을 타고 우주로 날아가서 황금빛 집을 짓고 꾸민다.
우주에서도 형제들은 귀한 음식과 보석을 함께 나누며 사이좋게 살아간다.

의좋은 형제를 탐구하고 놀이하면서 유아들은 이를 기반으로 많은 이야기를 상상하고 지어냈다. 유아들이 만든 이야기를 책으로 엮거나 인형극, 동극 등으로 완성하여 유아들이 찾아낸 의좋은 형제 이야기의 의미와 가치를 다른 사람들에게 전하고 함께 공유한다.

핵심역량

의사소통 역량
- 표현하기: 수집한 자료에 대한 생각과 감정을 다양한 방법으로 표현한다.
- 의미 구성하기: 의좋은 형제 이야기의 맥락에 맞게 관점을 가지고 의미를 구성한다.
- 이해하기: 나뿐만 아니라 타인의 생각과 감정에 공감하고 적절히 반응한다.

심미적 감성 역량
- 삶의 질 추구하기: 의좋은 형제 이야기의 내용에 공감하며 의미 있고 행복한 삶을 즐긴다.

협력과 성장: 함께 해결해요

유아가 주도적으로 활동을 이끌어 간다는 것은 무엇인가요?

동화에 익숙해지고 나더니 인형극을 하겠다고 합니다. 이제는 하나를 준비하기 위해서는 어떤 과정을 거쳐야 하는지 잘 알고 있어요. 스스로 역할도 정하고 사회자도 정하고 해설자도 정했어요. 그래서 초대장도 만들고 필요한 소품도 만드는 데 열중하고 있는데, 정작 인형극으로 어떻게 표현할 것인지에 대해서는 소홀한 것 같아서 걱정이에요. 그래서 "이러면 어떨까?" 하고 제안하기도 하는데 "그것도 할 거예요." 하고 건성으로 대답하고 곧 초대권 만드는 것과 같은 다른 일에 집중해 버려요. 그러다 보니 인형극 공연 날짜는 자꾸 뒤로 연기되고 있어요. 모둠활동으로 유아들이 잘 진행해 나가고 있는데 아직 준비가 안 된 부분은 내가 추려서 진행해 주어야 하는지 그것이 계속 걱정스러워요.

새빛유치원 5세반 박 교사

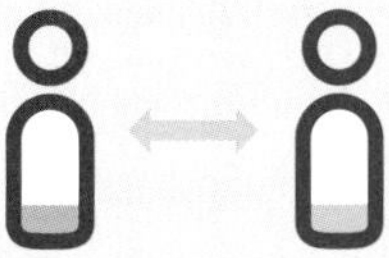

선생님이 파악하고 있는 문제점을 유아들과 허심탄회하게 의논해 보면 어떨까요? 유아와 함께 고민하고 해결해 나가는 과정을 경험해 보는 것도 좋을 것 같습니다. 선생님의 시간 개념과 유아의 시간 개념이 일치하지 않고, 더군다나 언제 우리가 공연하게 되는지에 대해 정확하게 인지하지 못할 수도 있습니다. 이런 것이 바로 비계설정이지요. 미처 유아가 보지 못하는 것을 교사가 이끌어 줄 필요가 있습니다. 옆 반 동생 몇몇을 초대해서 리허설을 해 보는 방법도 있습니다. 공연 전에 리허설을 해 보면 무엇이 아직 준비되지 못했고 보완되어야 하는지를 더 정확하게 알고 느낄 수 있지요. 유아가 하는 대로 마냥 내버려 둘 것이 아니라 교사의 목표와 잘 맞물리도록 조절해 줄 필요도 있습니다. 우리가 잘 준비되었는지, 부족한 것이 무엇인지 유아에게 상기시키고 중간중간 자극을 주어 스스로 준비할 수 있도록 지원해 주어야 할 것 같습니다.

저자

3. '의좋은 형제' 프로그램 적용 후기

긴 시간 동안 유아들은 의좋은 형제와 함께 지냈다. 처음에 의좋은 형제는 여느 그림책과 마찬가지로 유아들이 즐겨 읽는 전래동화 중 하나일 뿐이었지만, 그림책을 다시 보고 또 보면서 의좋은 형제에 감추어진 숨어 있는 이야기를 읽어 내고 상상하고 표현하는 동안 점차 유아의 일상과 통합되어 갔다. 의좋은 형제의 삶은 단지 그림책에서나 볼 수 있는 특별한 것이 아니었고, 유아가 살아가면서 보고 듣고 느끼며 실천하는 삶이 되었다. 유아들은 의좋은 형제를 통해 서로 도우며 열심히 일하는 삶과 나누고 배려하는 마음을 느끼고 실천하였다.

1) 서로 도우며 열심히 일하기

의좋은 형제 그림책에는 형제가 서로 도우며 열심히 일하는 장면이 있다. 봄에 모를 내고 여름에 논과 밭을 가꾸는 짧은 이야기와 그림이지만 유아들은 의좋은 형제를 문해하는 동안 많은 것을 상상하고 찾아내었다. 허리를 굽히고 모를 심는 형제의 모습을 역할놀이 하면서 유아들은 "이렇게 허리를 굽히고 오랫동안 일을 하면 허리가 많이 아플 것 같아."라고 상상하지만, 정작 그림책 속 형제의 밝은 표정은 일의 고단함을 드러내지 않는다.

또한 형제는 항상 함께 일한다. 아우가 결혼하여 형과 따로 살아가지만, 형제는 언제나 서로 도우며 열심히 일한다. 이러한 형제의 삶을 충분히 반영하여 유아들은 의좋은 형제가 사는 사이좋은 마을을 구성해 나간다. 유아들이 구성한 의좋은 형제의 마을은 담장이 없다. 그리고 언제나 어려움이 있을 때 서로 도울 수 있도록 대문은 서로 마주 보고 있으며, 일터는 집과 집 사이에 위치하고 있다.

의좋은 형제는 서로 도우며 열심히 일하여 가을에 풍년을 이룬다. 농작물이 풍년을 이루기 위해서는 열심히 일하는 형제의 힘으로는 부족하다. 적당한 바람과 햇빛과 비가 필요하기 때문이다. 유아들은 열심히 서로 도우며 일하는 형제의 마음과 자연이 소통하여 풍년을 이루도록 자연이 도와주었음을 이해한다. 자연물의 상징으로 드러나는 것이 바로 달님과 부엉이다. 달님과 부엉이는 깜깜한 달밤에 볏단을 나르는 의좋은 형제의 밤길을 밝혀 주는 든든한 지원군으로 등장하고 있다.

열심히 일하며 서로 돕는 형제의 삶은 유아의 일상과 연결된다. 유아는 열심히 일하고 나누는 아름다운 손을 주변에서 찾아내고, 자신의 삶 속에서 실천하고자 노력한다. 사랑이 꽃피는 나무를 만들고, 열심히 놀이하는 친구의 모습을 찾아내면서 자신이 하고자 하는 일에 집중하고 노력하는 삶을 드러내며 자기 성장을 이루어 나간다.

2) 나누고 배려하기

의좋은 형제 이야기는 봄과 여름에 힘들게 가꾼 논에서 풍성하게 수확한 볏단을 서로의 집에 몰래 나르면서 절정에 이른다. 의좋은 형제는 왜 하필 볏단을 나누었을까? 그리고 왜 하필 깜깜한 밤에 날랐을까? 유아들의 호기심으로 시작한 이 활동을 통해 탐구가 거듭되면서 '쌀'과 '밤'의 상징적 의미를 해석하게 되었다.

농경시대에 온 가족이 먹고 살아가야 하는 쌀은 가장 중요한 식량 자원이다. 어느 집에나 가장 중요한 쌀을 의좋은 형제는 기꺼이 나눈다. 우리 집에 소중한 것은 다른 집에도 역시 소중한 것이라는 생각으로 형과 아우는 자신에게 가장 소중한 쌀을 서로의 집에 나눈다. 유아들은 처음에 그저 의좋은 형제 중에서 볏단을 나르는 일이 재미있어서 볏단 나르기를 반복했다. 그러다가 지게가 필요해졌고, 볏단을 쌓아 둘 창고가 필요했다. 점차 역할놀이가 확장되면서 달밤에 볏단을 나르는 의좋은 형제가 마주치며 서로 놀라는 장면을 수없이 반복하며 놀이했다. 유아들은 이에 대해 "형제가 서로 깜짝 놀라는 게 너무 신기하고 재미있어요."라고 이야기한다. 역할극을 반복하는 동안 어느새 유아들은 의좋은 형제의 마음을 알아차리게 되었다.

유아들은 어느새 다른 사람과 나누고 싶지 않은 맛있는 사탕을 기꺼이 나누고, 친구의 속상한 마음을 알아채고 먼저 도움을 주기 시작한다. 스스로 달님과 부엉이가 되어서 사랑을 베푸는 장면을 찾아보기도 하고, 나누고 배려하는 아름다운 이야기를 상상하여 새로운 이야기를 만들어 나간다. 아무도 보지 않는 깜깜한 밤에 남몰래 나누는 형제의 삶을 통해 유아들은 자신이 수확한 고구마를 동생들 교실 앞에 몰래 가져다 놓기도 하고, 마니또 게임으로 남몰래 친구를 돕기도 한다.

나누고 배려하는 삶은 나를 벗어나 타인의 행동과 생각, 감정을 이해하고 공감할 때 가능하다. 자기중심적인 사고를 가진 유아들이 의좋은 형제를 만나고 몰입하여 즐기는 동안 보다 깊이 나를 이해하고 타인을 배려하는 삶의 모습으로 변화해 갔다. 이것이 의좋은 형제가 전해 주는 삶의 가치이며, 문화문해교육의 힘이다.

수업 후기

저에게 그림책은 그냥 유아에게 읽어 주는 도구에 불과했습니다. 주제가 바뀌면 그림책을 의무적으로 교체해 주고, 또 새로운 그림책을 비치해 두면 아이들이 재미있게 읽는 것으로 만족했던 것 같아요. 간혹 문학적 접근법으로 그림책을 활용하기도 하였는데, 그때는 그림책에 나오는 동물이나 사물들을 중심으로 궁금한 것들을 조사해 보고 게임이나 동극으로 만들어 보는 것에 그쳤습니다.

『의좋은 형제』 문화문해교육 프로그램을 진행하면서 이 짧은 이야기를 토대로 아이들이 무궁무진하게 이야기를 펼쳐 내는 것에 놀랐습니다. 단지 내용을 아는 것에서 그치지 않고 다양한 놀이를 만들어 가면서 이야기에 담긴 가치와 의미를 찾아낸다는 것이 너무 신기했어요. 어느 날 아침 등원시간에 현관에서 만난 아이가 인사를 나누자마자 "나는 오늘 아우의 결혼식을 준비해야 해요. 그래서 너무 바빠요."라면서 교실로 뛰어가는 모습을 보았어요. 문득 아이들이 스스로 해야 할 일을 생각하면서 유치원에 온다는 것을 알았어요. 그러니까 당연히 유치원에 오는 일이 아이들에게는 너무 즐겁고 신나는 일이 되었지요.

의좋은 형제의 집을 만들고 마을을 만들어 가면서 흥미영역이 무너져 가는 것이 걱정되기도 했어요. 하지만 생각해 보니 아이들은 그 속에서 모든 것을 통합해 가고 있었습니다. 영역을 나누어 언어놀이, 수 · 조작놀이를 하지 않아도 이미 집을 만들고 그 속에서 역할놀이를 하면서 언어놀이도 하고 수 · 조작놀이도 하고 있었어요. 이것이 통합교육이라는 것을 깨달았습니다.

아이들의 생각을 열어 주기 위해서는 교사인 나의 생각이 먼저 열려야 한다는 것을 알았어요. 아이들을 믿고 아이들의 생각을 따라가면서 그 생각들이 펼쳐질 수 있게 도와주고 지원해 주는 것이 교사의 역할인데, 항상 나의 계획 속에 아이들을 끌어들이려고 했었습니다. 내가 주도하지 않아도, 내가 나서서 계획하고 통제하지 않아도 아이들 스스로 해낼 수 있다는 믿음을 가지게 되었다는 것이 큰 소득이에요. 매일매일 교사로서 아이들의 생각을 읽어 내고 무엇을 어떻게 지원해 주어야 할지 많이 고민스럽고 힘들었지만 그만큼 내 자신이 많이 성장했다고 생각됩니다. 다음 번 문화문해교육이 기대돼요. 아이들의 힘을 믿으니 아마 더 잘될 거라 믿어요.

– 늘빛유치원 5세반 박 교사 –

아이를 데리고 놀이터에 나갔어요. 놀이터만 나가면 정신없이 뛰어노는 아이가 그날은 놀이터 한구석에 가만히 웅크리고 앉아서 다른 아이들이 노는 모습만 지켜보고 있더라구요. 놀이터에 나가 있는 시간 내내 그렇게 웅크리고 앉아 있더니 집에 들어가야 할 시간이라고 말하자 그때서야 벌떡 일어나서 저한테 오는 거예요. 놀이터에서 왜 놀지 않고 그렇게 앉아 있었는지 물어보니 "엄마, 나는 오늘 부엉이가 된 거야. 부엉이처럼 앉아서 누가 사랑의 마음을 나누는지 살펴보고 있었어. 아까 저 아이가 넘어졌는데 그 옆에 있는 형이 아이를 일으켜 주고 옷에 묻은 흙도 털어 주었어. 우리 놀이터에도 의좋은 형제가 있지?"라고 말해서 너무 놀랐어요. 이것이 문화문해교육 덕분인 것 같아요. 아이가 달라지는 것이 느껴져서 엄마로서 너무 뿌듯했어요.

– 하늘유치원 5세반 학부모 –

제3장

‘오즈의 마법사’ 프로그램

1. 『오즈의 마법사』 분석하기

그림 출처: http://www.cine21.com/movie/info/?movie_id=634

『오즈의 마법사』는 1900년에 바움(L. Frank Baum)이 쓰고 덴슬로(W. W. Denslow)가 삽화를 그린 총 14편으로 구성된 아동문학작품이다. 도로시라는 소녀가 오즈 대륙에서 겪는 모험을 시간순으로 서술한 책으로, 1939년에 영화로 제작되면서 더욱 많은 사람에게 알려지게 되었다. 독특한 상상의 세계를 통해 인간 세상을 은유하고, 지혜, 사랑, 용기와 같은 인간의 기본적인 가치를 담고 있다. 지난 100년간 가장 사랑받은 아동문학작품이고, 1939년에 제작된 영화 또한 세계문화유산으로 유네스코에 등재되어 예술성을 인정받고 있다.

1) 문화예술 교육매체의 질 기준 적용하기

판타지 동화도 문화문해교육을 위한 문화예술매체로 선정할 수 있나요?
『오즈의 마법사』 작품 선정의 기준을 살펴보세요.

『오즈의 마법사』의 유아 문화문해교육 적용을 위해서는 14편으로 구성된 『오즈의 마법사』 원작을 한 권으로 축약한 그림책을 활용하는 것이 적절하다. 긴 내용을 축약하여 한 권으로 출판된 『오즈의 마법사』 그림책의 형식과 내용은 매우 다양하다. 이 책에서는 프랭크 바움 지음, 한상남 옮김, 라즈베트 츠베르거 그림(2008)의 『오즈의 마법사』 그림책을 활용하였으며, 그 분석 기준은 〈표 3-1〉과 같다.

〈표 3-1〉 문화예술 교육매체의 질 기준 적용

특성	질 기준	적용
문학성	• 말이나 글이 적절한가? - 자음과 모음, 음소, 음절, 형태소, 단어, 어휘, 구, 절, 문장 등 - 반복적, 리듬, 풍부한 어휘와 묘사, 모국어의 미, 대화체 등 • 좋은 이야기로 이루어져 있는가? - 이야기 원형의 아름다움, 시대, 인종, 문화를 초월한 보편적 진리 등 - 인물, 사건, 배경, 구성 등 - 이야기 구성의 단순성, 명확성, 안정성 등 - 짜임새 있는 구조 등 - 내러티브 특성의 연속성, 관계성, 변화성 등 - 우의성(어떤 의미를 직접 말하지 않고 빗대어 넌지시 비춤)	- 글과 그림으로 이루어진 시각 매체로서 원본의 이야기는 장편으로 구성되어 있지만, 4~5세 유아가 이해할 수 있는 이야기의 길이와 구조로 편집된 그림책을 선정하여 활용한다. - 간결한 그림과 글로 설명된 이야기가 조화를 이루며 짜임새 있게 이야기를 전하고 있다. - 주제, 인물, 사건, 배경으로 구성되어 있고, 풍부한 어휘와 묘사, 대화체 등으로 언어의 아름다움을 느낄 수 있다. - 시대와 인종, 문화를 초월하는 보편적 가치인 지혜, 사랑, 용기를 전하는 이야기이다. - 판타지의 세계가 펼쳐지면서 모험과 상상의 세계를 연속적, 관계적, 변화적으로 경험할 수 있다.
예술성	• 글과 그림의 관계가 조화로운가? - 통일성(일치성), 조화성, 보완성 등 • 시각 · 공간 이미지가 아름답고 조화로운가? - 시각 이미지(점, 선, 면, 형, 색, 질감, 공간, 여백 등) - 조화(균형, 강조, 비례, 움직임, 리듬, 반복, 패턴, 조화와 통일 등)	- 간결하게 제시된 그림과 풍부하게 설명된 글이 조화롭고 통일성 있게 이야기를 전하고 있다. - 시각 이미지가 상상력을 불러일으키도록 아름답고 조화롭게 제공되고 있다.
교육성	• 영유아의 발달에 적합한 내용인가? - 영유아의 연령에 적합한 이야기의 길이, 주제 및 구조의 복잡성 정도 등 - 영유아가 일상에서 경험할 수 있는 친숙한 소재, 공감, 동일시 등 • 영유아가 재미있어하는가? - 상상을 유발하는 신선한 이야기가 담긴 상상, 판타지, 모험 등의 이야기 등 - 영유아 개인의 흥미와 관심사에 적합한 재미, 몰입, 즐거움, 동기화 등 • 영유아에게 긍정적 영향을 주는 가치가 있는 것인가?	- 나, 가족, 친구, 동네, 동식물 등 유아가 친숙하게 느끼는 소재로 구성되어 있다. - 상상과 판타지, 모험 등의 이야기를 즐기는 유아의 정신세계를 반영하여 재미를 느끼고 몰입할 수 있는 이야기이다. - 유아의 일상 속에서 맞이하게 되는 어려움과 문제들을 지혜롭게 극복할 수 있는 힘과 용기를 주는 이야기이다. - 지혜, 사랑, 용기, 일상과 가족의 소중함, 그리고 나의 성장에 대한 가치가 잘 드러나고 있어서 국가수준 교육 · 보육과정의 목적 및 목표, 내용과 연계되고 있다.

	- 다양한 생활소재를 반영한 문화 이해 및 수용의 포함 등 - 바른 생각, 가치관, 분별력, 세계관 등 - 가치 있는 주제 등 - 상상력과 창의적 사고의 자극 등 - 직접 경험의 촉진, 간접 경험의 효과 등 - 고정관념 탈피 등 - 보편적 가치와 감성과 관련한 자유, 존중, 공감, 헌신, 성장, 사랑, 희망 등 - 국가 영유아 교육과정의 목적 및 목표와의 연계 등	- 자기 자신을 알고 이해하며 성장하는 계기를 마련할 수 있는 내용으로 구성되어 있다. - 지혜, 사랑, 용기의 가치가 드러나고, 상상력과 창의적 사고를 촉진하며 고정관념을 벗어날 수 있는 이야기가 담겨 있다.

2) 상징 분석하기

『오즈의 마법사』 이야기는 우리에게 어떤 삶의 가치와 의미를 전하고 있을까요? 다음의 내용을 잘 읽어 보시고 『오즈의 마법사』를 보다 깊이 이해하며 환상의 이야기를 즐기세요.

(1) 등장인물 및 줄거리

『오즈의 마법사』에는 유아들의 상상력을 자극하는 인물들이 등장한다. 현실 세계와 환상 세계를 드나드는 주인공 도로시의 여정을 따라가다 보면 다양한 상상 속의 등장인물들과 함께 모험 이야기를 경험할 수 있다. 『오즈의 마법사』 이야기에 등장하는 인물들인 도로시와 가족들, 허수아비와 양철나무꾼, 사자를 비롯하여 유아들이 좋아할 만한 다양한 캐릭터를 만날 수 있다([그림 3-1] 참조).

[그림 3-1] 『오즈의 마법사』 이야기의 주요 등장인물

『오즈의 마법사』의 줄거리를 기-승-전-결의 이야기의 흐름으로 살펴보면 [그림 3-2]와 같다.

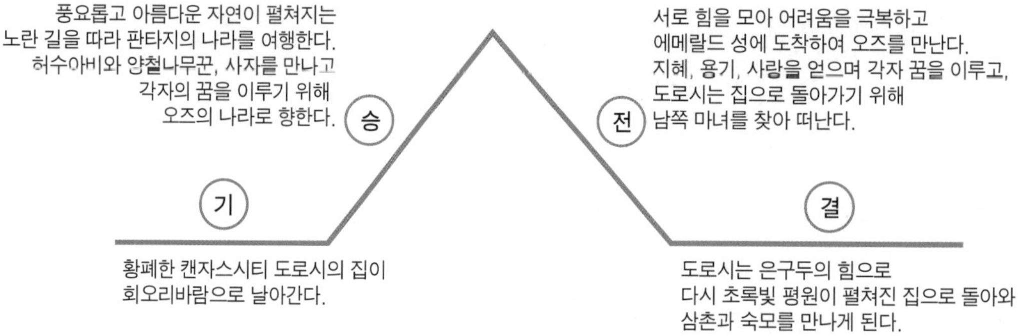

[그림 3-2] 『오즈의 마법사』 이야기의 흐름

도로시는 황량한 캔자스시티에서 헨리 삼촌, 앤 숙모와 함께 살고 있다. 도로시와 강아지 토토는 회오리바람에 실려 오즈의 나라로 오게 되었고, 집으로 다시 돌아오기 위해 에메랄드 성 오즈를 찾아가는 여정을 시작하게 된다. 도로시와 토토는 뇌를 갖고 싶은 허수아비, 사랑을 느끼는 마음을 갖고 싶은 양철나무꾼, 용기를 얻고 싶은 사자를 만나 지혜와 사랑, 용기로 온갖 어려움을 헤쳐 나간다. 드

디어 에메랄드 성에 도착하고 마법사 오즈를 만나게 되지만, 오즈는 도로시 일행에게 마음씨 나쁜 서쪽 마녀를 없애 달라고 부탁한다. 서쪽으로 다시 여행을 떠난 도로시 일행은 결국 마음씨 나쁜 서쪽 마녀를 없애고 에메랄드 시로 돌아와 마법사 오즈를 다시 만난다. 도로시 일행은 평범한 오즈의 모습에 실망하지만, 오즈는 허수아비와 양철나무꾼, 겁쟁이 사자의 소원을 이루어 준다. 오즈는 풍선 기구를 타고 에메랄드 시를 떠나고, 허수아비는 하늘로 날아가 버린 오즈 대신 에메랄드 시의 왕이 된다. 양철나무꾼은 서쪽 나라의 나쁜 마녀 대신 윙키의 나라를 다스리기로 하고, 겁쟁이 사자는 동물의 왕이 되어 숲 속을 다스린다. 마지막까지 소원을 이룰 수 없었던 도로시는 착한 마녀 글린다의 도움으로 마침내 헨리 삼촌과 앤 숙모가 기다리고 있는 캔자스시티로 돌아간다.

(2) 상징 분석

『오즈의 마법사』는 주인공 도로시가 척박한 현실을 떠나 신비롭고 아름다운 판타지 세계를 여행하는 모험 가득한 내용으로 전개된다. 도로시는 여행 과정에서 만나는 허수아비와 양철나무꾼, 사자와 함께 지혜와 사랑, 용기를 발휘하여 고난과 역경을 헤쳐 나가며, 자신의 일상을 재발견하고 꿈을 이루어 나간다. 『오즈의 마법사』 이야기에 담겨 있는 상징을 분석하여 의미를 해석하면 [그림 3-3]과 같다.

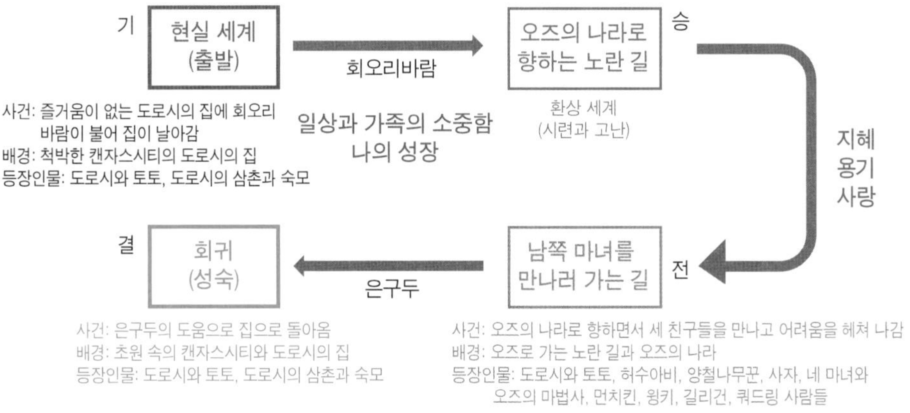

[그림 3-3] 『오즈의 마법사』의 상징 분석

[그림 3-3]에서 보는 바와 같이, 주인공 도로시의 여정은 캔자스시티에 있는 도로시의 집에서 출발한다. 회오리바람을 타고 환상의 세계로 날아간 도로시는 노란 길을 따라 오즈의 나라를 거쳐 은구두를 신고 캔자스시티의 집으로 다시 돌아온다. 이 여정은 각자 자신의 꿈과 소원을 이루는 과정이며, 이를 이루기 위해서는 지혜와 사랑, 용기가 필요함을 상징적으로 드러내 준다. 그리고 꿈과 소원을 이루고 다시 돌아온 '나'는 이전보다 더 성장하고 성숙된 모습이며, 평범한 나의 일상과 가족의 소중함을 느끼는 계기가 된다.

① 지혜 · 사랑 · 용기

허수아비와 양철나무꾼 그리고 사자가 이루고 싶었던 소원은 무엇이었을까요?

『오즈의 마법사』에는 주인공 도로시 이외에 자신의 부족함을 채우기 원하는 세 동반자가 등장한다. 지혜로운 뇌를 갖고 싶은 허수아비, 사랑을 느끼는 마음을 갖고 싶은 양철나무꾼, 용기가 필요한 사자가 바로 그들이다. 도로시와 세 동반자는 그들의 소원을 이루어 줄 수 있는 오즈의 마법사를 찾아가지만, 오즈 역시 집으로 돌아가고 싶어 하는 평범한 사람에 불과하다. 환상의 세계를 여행하는 동안 도로시 일행은 많은 어려움을 겪게 되지만, 그들에게 부족하다고 여겼던 지혜와 사랑, 용기로 어려움을 이겨 내고 마침내 각자의 소원을 이룬다.

이처럼『오즈의 마법사』는 우리가 살아가면서 필요로 하는 삶의 가치인 지혜와 용기, 사랑의 힘을 보여 준다. 우리가 직면하게 되는 삶의 고난과 어려움, 그리고 원하는 꿈을 이루어 가기 위해서는 지혜와 용기, 사랑이 필요하며, 이것은 누군가로부터 부여되는 것이 아니라 내 안에 잠재되어 있는 힘이라는 점을 잘 보여 준다([그림 3-4] 참조).

[그림 3-4] 등장인물의 상징: 지혜, 사랑, 용기

② 일상과 가족의 소중함

환상의 나라를 여행하면서 도로시가 간절히 바랐던 것은 무엇이었을까요?

도로시가 척박한 현실을 떠나 환상의 세계를 여행하는 목적은 '집'으로 다시 돌아오기 위함이다. 우리가 복잡하고 힘겨운 일상생활에서 잠시라도 벗어나 여행을 떠나는 것과 마찬가지로 긴 여정을 마치고 돌아온 후에는 언제나 '집처럼 좋은 곳은 없다.'는 마음을 가지게 된다. 이처럼 집을 떠난 도로시의 소원은 오로지 다시 집으로 돌아오기 위함이었으며, 온갖 어려움과 고난을 이겨 내고 마침내 소원을 이룰 수 있었다. 평범하기 그지없는 도로시의 일상과 가족은 긴 여행을 겪는 과정에서 그 소중함을 재발견하고, 평범한 일상과 가족에 대한 그리움을 더해 간다. 마침내 다시 현실로 돌아온 도로시는 평범한 일상과 가족의 소중함을 깨닫는다([그림 3-5] 참조).

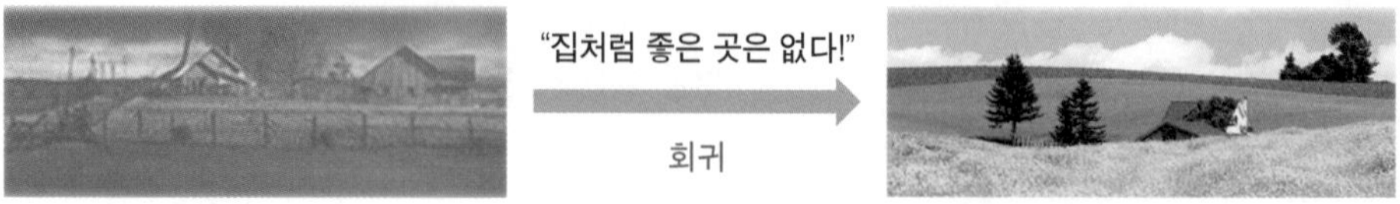

메마르고 척박한 회색의 땅
무미건조한 일상의 시달림
고갈된 상상력
현실과 상상이 혼재된 경계지역

초록빛 평원이 펼쳐진 도시
꿈과 희망이 있는 세계
나와 소중한 가족이 머무는 곳

[그림 3-5] 집으로의 회귀를 통한 일상과 가족의 재발견

③ 나의 성장

환상의 나라로 떠나기 전과 다시 돌아온 도로시의 모습은 어떻게 달라졌을까요?

만약 도로시가 현실의 세계에 머물러 있었다면 어떻게 되었을까? 환상의 세계를 여행하고 다시 돌아온 도로시와 현실의 세계에 머물러 있는 도로시의 모습은 분명 달랐을 것이다. 허수아비와 양철나무꾼, 사자의 모습도 이와 다르지 않다. 자신의 부족함을 채우기 위해 이들은 도로시와 함께 환상의 세계를 여행하였고, 그 결과 모두 자신의 꿈과 소망을 이루며 더 나은 나로 성장해 간다.

더 나은 성장을 이루기 위해 우리는 종종 통과의례(通過儀禮)를 경험한다. 통과의례란 俗(풍속, 관습)의 경험을 초극하고 실재적인 것, 의미 있는 것에 도달하려는 전통적인 인간의 삶(안진태, 2005)이 지니는 의례적 체계를 말한다. 통과의례는 분리-전이-통합의 통과의례 도식을 가지고 있는데(Van Gennep, 2000), 『오즈의 마법사』는 이 세 가지 국면을 모두 드러내고 있다. 즉, 과거로 상징되는 모든 것, 자신에게 익숙하고 편한 세계와 의도적으로 단절하는 '분리'의 단계, 낡은 자아를 소멸시키는 투쟁의 시간인 '전이'의 단계, 그리고 자신도 모르는 사이에 새로운 존재가 되어 가는 '통합'의 단계이다(배철현, 2015). 『오즈의 마법사』에는 이 통과의례의 단계를 거치는 통로가 존재한다. 현실 세계에서 환상의 세계로 들어가는 회오리바람, 그리고 환상의 세계에서 다시 현실 세계로 돌아가는 은구두가 바로 그것이다. 도로시는 회오리바람으로 인해 익숙한 자신의 세계로부터 단절되는 '분리'의 단계를 겪고, 환상의 세계에서 어려움과 고난을 극복해 나가는 투쟁의 시간인 '전이'의 단계를 맞이한다. 그리고 은구두의 도움으로 다시 현실로 돌아온 도로시는 한층 성장한 자신을 만나게 되는 '통합'을 경험하게 된다([그림 3-6] 참조).

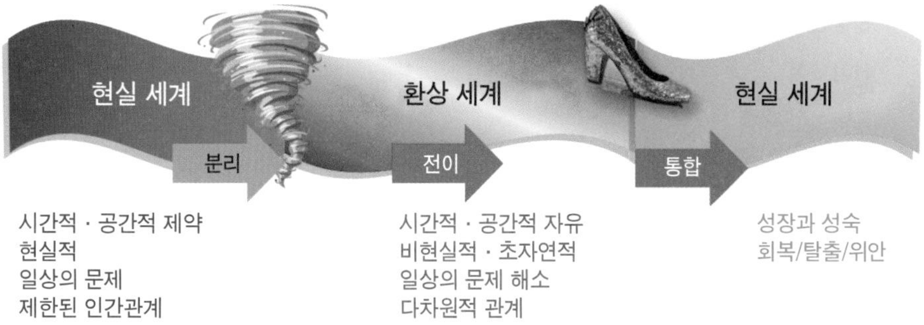

[그림 3-6] 성장과 성숙을 위한 통과의례

2. '오즈의 마법사' 프로그램 실행하기

유아들은 『오즈의 마법사』를 어떻게 즐기면서 상징적 의미를 해석해 나갔을까요?
사례를 참고하여 유아들이 만들어 가는 환상의 나라로 여행을 떠나 보세요.

'오즈의 마법사' 프로그램은 환상 놀이를 즐기고 문제 상황이 발생하면 서로 토의하면서 협력적으로 문제를 해결해 가는 5세 유아에게 적용할 수 있다. 유아들은 현실과 환상 그리고 다시 현실로 이어지는 배경 속에서 등장인물들이 서로 협력하여 문제를 해결해 가는 이야기 흐름을 따라가며 지혜, 사랑, 용기를 실천하고, 그 과정에서 한 걸음 성장한 나의 모습을 만나게 된다.

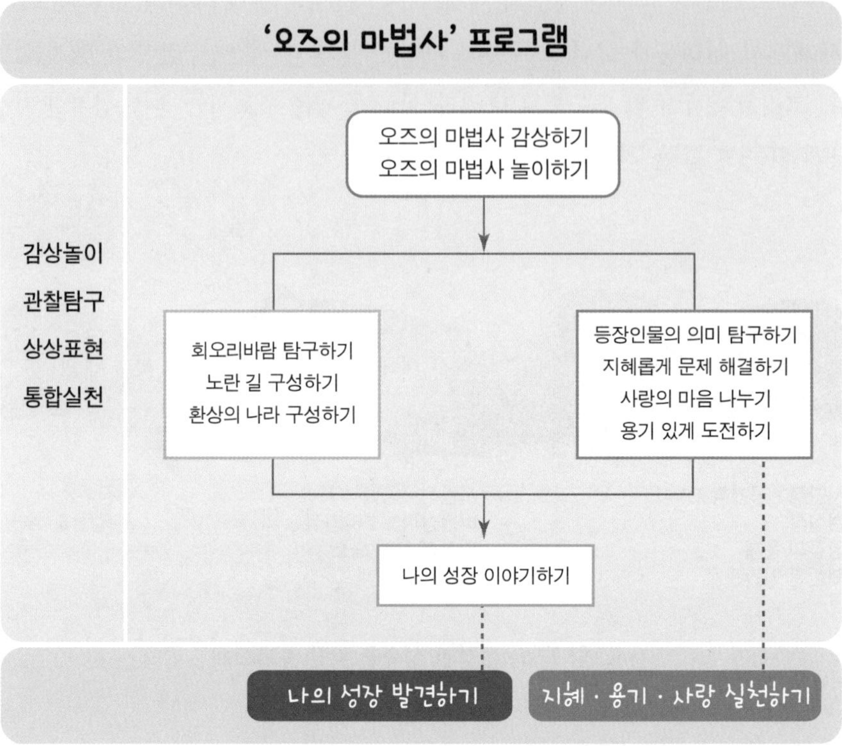

※ 5세 유아를 대상으로 '오즈의 마법사' 프로그램을 진행한 사례를 모아서 전개도로 정리함.

[그림 3-7] '오즈의 마법사' 프로그램 전개의 예

[그림 3-7]에서 보는 바와 같이, 유아들은 교실에서 찾아낸 오즈의 마법사 그림책을 보고 교사가 들려주는 이야기를 접하면서 자연스럽게 이야기에 관심을 갖는다. 느끼고 이해한 내용을 다양한 방법으로 표현하고 현실과 환상의 나라를 넘나드는 이야기 전개에 따라 마음껏 상상하면서 놀이한다.

이야기의 사건과 배경이 되는 회오리바람과 노란 길을 탐구하고, 등장인물의 특성을 관찰하면서 배경과 사건, 등장인물이 드러내는 상징의 의미를 서서히 이해한다. 등장인물의 행동을 재현하면서 그들이 느끼는 생각이나 감정에 공감하고 환상의 나라를 상상하고 표현한다.

어느덧 오즈의 마법사와 유아의 일상이 서로 연결되고 통합되면서 유아의 일상에서 지혜롭게 문제를 해결하고, 용기 있게 도전하고, 사랑의 마음을 서로 나누며 상징의 의미를 실천한다. '환상의 나라에서 다시 돌아온 도로시'처럼 유아 자신도 오즈의 마법사를 통해 자신의 일상과 가족의 소중함을 느낀다. 또한 과거 자신의 모습을 되돌아보면서 한층 성장한 자신의 모습을 발견하고 미래를 향해 희망을 가지고 자신 있게 나아간다.

1) 오즈의 마법사 감상하기

(1) 오즈의 마법사 감상하기

문화문해교육 교수 · 학습 방법

감상놀이

실외에서 선생님이 들려주는 오즈의 마법사 이야기를 감상하면서 이야기에 등장하는 인물과 배경에 관심을 가지고 자신들의 일상과 연결한다. 그리고 기억한 내용을 포스트잇이나 조각 종이에 그림이나 단어로 적고 분류하거나 순서대로 늘어놓으면서 이야기를 만든다.

교실에 있는 오즈의 마법사 그림책을 보고 그림과 이야기를 살펴본다. 그림이나 내용에 관심을 보이며 서로 이야기하기도 하고, 이미 오즈의 마법사 이야기를 알고 있는 유아들은 자신이 알고 있는 내용을 친구들에게 이야기해 주기도 한다. 함께 모여 교사가 들려주는 오즈의 마법사 이야기를 듣고 서로 이야기 나누면서 호기심과 관심을 표현한다.

"캔자스가 어디야? 여기서 먼 곳인가?"
"우리 집에도 토토와 닮은 같은 강아지가 있어. 도로시랑 나랑 똑같다!"
"회오리바람은 힘이 굉장히 센가 봐. 집도 날아간대."
"우리 집은 아파트라서 튼튼해. 회오리바람이 와도 걱정 없어."

오즈의 마법사의 내용을 기억하여 카드에 단어를 적거나 그림을 그려서 모아 본다. 바구니나 게시판에 모아 놓은 그림카드나 단어카드를 서로 비슷한 내용끼리 분류하거나 이야기 순서대로 나열한다. 그림이나 단어를 보고 새로운 이야기를 짓기도 한다.

"여기 똑같은 말이 있어. 이것들을 같이 모아 보자."
"이 그림은 도로시가 좋아하는 강아지 토토네."
"토토와 도로시는 같이 있어야 해. 바로 옆에."
"도로시의 집이 날아가는 그림이야."
"허수아비는 집이 날아간 다음에 나타나. 여기 이쯤에서 도로시와 만나는 거야."

핵심역량

심미적 감성 역량
- 감상하기: 책을 보거나 선생님이 들려주는 이야기를 들으면서 오즈의 마법사를 감상한다.

의사소통 역량
- 의미 구성하기: 단어나 그림을 이야기 순서나 등장인물 간 관계 등의 관점에 따라 배치하며 이야기를 구성한다.

이와 같은 활동상황을 일일교육실행서로 제시하면 다음과 같다.

일일교육실행서

<table>
<tr><td>놀이주제</td><td>이야기를 듣고 느낌 표현하기</td></tr>
<tr><td>날짜</td><td>년 월 일 요일</td></tr>
<tr><td>일과 시간표</td><td>* 유치원이나 어린이집의 하루 일과를 간단히 기록</td></tr>
<tr><td>놀이 이야기 (영유아행동 관찰)</td><td>바깥놀이 시간에 선생님이 들려주는 오즈의 마법사 이야기에 관심을 갖는 돗자리에 앉거나 또는 주변을 돌아다니며 듣기 시작한다. 오즈의 마법사 이야기의 첫 시작인 '무서운 회오리바람' 이야기를 듣고 난 후 궁금한 내용을 질문하기도 하고 상상한 이야기를 들려주기도 한다. 이미 『오즈의 마법사』 이야기를 알고 있는 유아들이 궁금한 내용을 설명해 주기도 하며 서로 이야기를 주고받는다.

"캔자스가 어디야? 여기서 먼 곳인가?"<br>"우리 집에도 토토와 닮은 같은 강아지가 있어. 도로시랑 나랑 똑같다!"<br>"회오리바람은 힘이 굉장히 센가 봐. 집도 날라간대."
"우리 집은 아파트라서 튼튼해. 회오리바람이 와도 걱정 없어."
몇몇 유아는 이야기를 들은 후 마당을 뛰어다니며 바람 놀이를 한다. 입으로 바람 소리를 내기도 하고, 손을 휘저으며 바람을 일으키기도 하고, 서서 바람을 느껴 보기도 한다. 두세 명의 유아가 손을 잡고 함께 빙글빙글 돌면서 바람을 만들고 회오리바람이라고 소리친다. 재미있어하는 친구들을 구경하던 유아들이 모여서 더 큰 원을 만들면서 더 큰 바람을 만들 수 있을 것이라고 소리친다. 큰 원을 만들기 위해 유아들이 더 모여든다.</td></tr>
<tr><td>영유아 문화문해</td><td>• 소연이와 지훈이는 도로시와 유아 자신을 비교하고 공통점과 다른 점 찾기에 흥미를 보인다.
• 석영이와 동민이, 은지는 바람을 직접 몸으로 표현하면서 그냥 바람과 회오리바람을 구분하고 바람의 세기와 모양에 관심을 나타낸다.</td></tr>
<tr><td>문화문해 과정</td><td>• 심미적 감성 역량
- 감상하기: 책을 보거나 선생님이 들려주는 이야기를 들으면서 오즈의 마법사를 감상한다.
• 상상표현
- 전형적인 그림책 읽어 주기 방식에서 벗어나 실외에서 동화를 들려주자, 보다 호기심을 가지고 이야기를 듣고 있다.
- 이야기를 듣고 바로 넓은 마당에서 바람이 되어 뛰어다닐 수 있어서 이야기의 내용을 상상하면서 신체와 언어로 자유롭게 표현하고 있다.</td></tr>
<tr><td>추후 계획</td><td>• 감상놀이
- 공간을 구성하거나 소품을 활용하면서 도로시가 되어 놀이하기
• 관찰탐구
- 천이나 끈 등과 같이 바람을 표현할 수 있는 소품이나 재료를 찾아서 바람 만들기</td></tr>
</table>

(2) 이야기 듣고 느낌 표현하기

문화문해교육 교수 · 학습 방법

관찰탐구

오즈의 마법사를 감상하면서 회오리바람에 관심을 갖게 된 유아들은 실외에서 여러 매체를 활용하여 바람을 만든다. 그 과정에서 바람은 무언가를 움직일 수 있다는 것을 알고 바람의 세기에 관심을 가지면서 센 바람을 만들 수 있는 방법을 찾는다.

이야기를 들으면서 느낀 감정이나 이해한 내용을 다양한 방법으로 표현한다. 특히 바람에 관심을 갖고 실외놀이에서 회오리바람의 모습을 직접 표현하기도 하고, 입으로 바람 소리를 내어 보기도 한다. 손으로 저으면서 바람을 만들어 보기도 하고, 몇 명의 유아가 모여서 서로 손을 잡고 원을 만들어 바람을 표현하기도 한다. 커다란 천 등으로 바람을 만들어 보기도 하고, 바람을 표현할 수 있는 소품을 만들어서 바람을 느껴 보기도 한다.

"이렇게 흔들어 봐. 그러면 바람이 나와."
"흔들지 않아도 움직여. 이것 봐! 이게 바람이야."
"이 바람이 어떻게 집을 움직였을까?"
"굉장히 세게 불면 큰 집도 움직일 수도 있을 거야."
"그게 바로 회오리바람이지~"

"이렇게 뛰면 우산 꼬리들이 팔락거리면서 따라와."
"내가 뛰면 바람이 보이지?"
"지금 바람이 부는 거야. 센 바람을 불게 하려면 내가 더 세게 뛰어야 해."
"긴 우산 꼬리들을 더 만들어 붙이면 바람을 더 세게 만들 수 있을까?"

핵심역량	지식정보처리 역량 - 문제 · 과제 인식하기: 바람을 만드는 방법과 바람의 세기에 관심을 갖는다. - 해결책 탐색하기: 바람을 만들기 위한 자료를 수집한다. - 해결 및 평가하기: 소품으로 어떻게 바람을 만들 것인지 계획하고 실천한다.

2) 오즈의 마법사 놀이하기

문화문해교육 교수 · 학습 방법

감상놀이

유아들은 오즈의 마법사를 감상하면서 직접 등장인물이 되어 역할놀이를 즐기고 놀이에 필요한 배경을 만들어 간다.

유아들은 오즈의 마법사의 내용을 기억하고 등장인물이 되어서 역할놀이를 즐긴다. 역할놀이에 필요한 배경을 구성하기도 하고 소품을 활용하기도 하면서 오즈의 마법사를 재현한다. 이야기의 내용을 기억하여 그대로 재현하기도 하고, 새롭게 이야기를 만들어 놀이하기도 한다.

"에메랄드 성을 만들어야 해. 에메랄드 성은 아주 먼 곳에 있어. 그래서 도로시가 많이 걸어가야 도착할 수 있는 곳이야."
"벽돌 블록으로 만들어 보자."
"우리 교실에 있는 블록들이 더 필요할지도 몰라."

"우리가 만들어 놓은 성은 부수면 안 돼. 내일도 만들어야 하니까."
"오즈의 마법사가 살고 있는 성 안에는 방들이 있어." "거울이 있는 방은 여기다 만들고……."
"문은 이쪽에 있어야 해. 그런데 너무 좁아. 더 넓은 방이 필요해."

핵심역량

의사소통 역량
- 표현하기: 등장인물의 생각과 감정을 몸짓, 표정, 언어 등 다양한 방법으로 표현한다.

지식정보처리 역량
- 문제 · 과제 인식하기: 역할놀이를 위한 공간을 만들기로 한다.
- 해결책 탐색하기: 공간을 만들기 위한 자료를 수집하고 활용한다.
- 해결 및 평가하기: 공간을 어떻게 만들 것인지 계획하고 구성한다.

3) 회오리바람 탐구하기

(1) 바람 느껴 보기

문화문해교육 교수 · 학습 방법

관찰탐구

오즈의 마법사를 감상하면서 갖게 된 회오리바람에 대한 관심이 계속 이어진다. 신체의 일부나 주변에 있는 재료를 활용하여 다양한 방법으로 바람을 표현하면서 시각, 촉각, 청각 등의 감각을 서로 연결하여 바람을 탐색한다.

유아들은 실외활동에서 바람 놀이를 즐겨 한다. 마당을 뛰어다니며 바람을 느껴 보기도 하고, 바람이 많이 부는 날에는 나뭇잎이 날아가는 모습을 보면서 바람에 대한 이야기를 나눈다. 바람개비 놀이나 비눗방울 놀이, 풍선놀이 등 바람을 느낄 수 있는 놀이를 즐기고, 실내에서는 리본춤을 추거나 신문지를 찢고 날리면서 바람을 표현한다.

"신문지로 바람을 만들 수 있을까?"
"와~ 신문지가 날아가도록 바람이 도와주고 있어."
"신문지를 찢어서 날려 보자. 내가 손으로 바람을 만들면 신문지가 날아가."
"펄럭이는 소리도 나."
"내 입으로도 바람을 만들 수 있어. 이것 봐~ 후~ 후~! 진짜 날아가지?"

"우리 교실에도 창문으로 바람이 들어오고 있어."
"바람은 눈에 보이지 않지만 바람이 분다는 것을 느낄 수 있지."

핵심역량

지식정보처리 역량
- 문제 · 과제 인식하기: 바람이 어디에 있고 어떻게 만들 수 있는지에 대해 호기심을 갖는다.
- 해결책 탐색하기: 바람을 보고 바람을 만들 수 있는 재료를 수집하고 활용한다.
- 해결 및 평가하기: 재료를 활용하여 바람을 만든다.

창의적 사고 역량
- 참신하게 사고하기: 재료를 다양하게 활용하면서 바람을 표현한다.

(2) 회오리바람 조사하기

문화문해교육 교수 · 학습 방법

관찰탐구/상상표현

바람을 탐색하던 유아들은 도로시의 집을 날아가게 한 회오리바람에 큰 호기심을 나타낸다. 회오리바람을 직접 만들고 궁금한 것을 질문하고 관련 자료를 수집하면서 알게 된 것을 다양한 방법으로 표현한다.

유아들은 역할놀이를 하면서 여러 가지 방법으로 회오리바람을 표현한다. 보자기를 휘두르기도 하고, 뱅글뱅글 돌기도 하면서 회오리바람을 만들어 본다. 유아들은 도로시의 집을 날려 버릴 만큼 회오리바람이 센 힘을 가졌다는 것에 호기심을 갖고 회오리바람에 대해 질문하기도 한다. 책과 인터넷을 통해 회오리바람을 조사하고, 알아낸 것을 그림으로 그리거나 만든다. 알아낸 정보를 활용하여 회오리바람을 더욱 정교하게 표현하며 놀이한다.

"이렇게 돌리면 회오리바람이 되는 거야. 뱅글뱅글 돌아가지?"
"이렇게 동그라미를 만들면 돼."
"팔을 크게 돌리면 더 큰 회오리바람이 된다. 나처럼 해 봐."
"와! 진짜 큰 동그라미네. 회오리바람은 진짜 힘이 센가 봐. 집을 날아가게 할 정도로 말이야."

"우리 모두 힘을 합쳐서 커다란 회오리바람을 만들어 보자. 회오리바람 가운데에 서면 어떻게 될까?"
"가만히 서 있으면 회오리바람이 될 수 없어."
"회오리바람이 힘이 센 것은 바람이 돌아가기 때문이야. 그러니까 가운데에서 뱅글뱅글 돌아야 해."
"이렇게 돌아가니까 진짜 회오리바람이 되었어."

"손으로 회오리바람을 만들었어."
"손을 크게 돌리면 회오리바람이 생겨."
"큰 동그라미를 만들면 이렇게 큰 회오리바람이 되지."
"도로시의 집을 이렇게 멀리 날아가게 만들어. 이 회오리바람이 말이야."

"우리가 만든 회오리바람을 선생님이 동글동글 오려 주셨어. 천장에 붙이니까 진짜 회오리바람이 되었어!"
"도로시의 집이 이렇게 큰 회오리바람에 날아가 버린 거야."
"얘들아, 회오리바람이 온다. 모두 피해!"

"회오리바람이 한가운데는 아주 안전해. 이렇게 잠을 자도 되거든."
"그런데 회오리바람 바깥에는 엄청난 바람이 불어. 신기하지?"
"도로시의 집이 가운데에 있었으면 날아가지 않았을 거야."

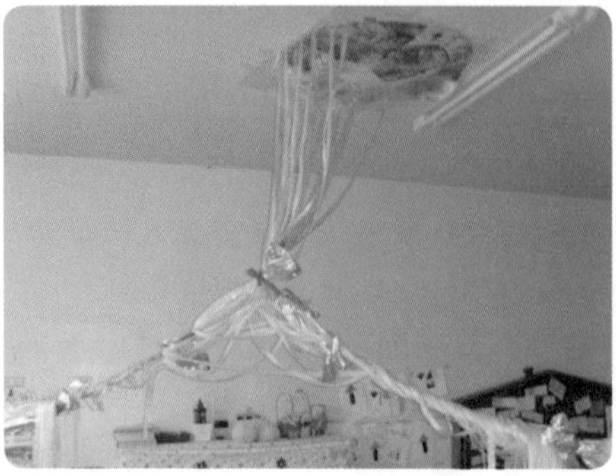

"서쪽에서 불어오는 차가운 바닷바람과 동쪽에서 불어오는 따뜻한 바람이 만나면 회오리바람이 생겨."
"우리 교실에서 차가운 바람은 창문에서 들어오지. 따뜻한 바람은 저쪽 교실 문에서 들어와."
"창문과 교실 문을 연결하면 교실 한가운데에 회오리바람이 불어. 바로 여기에!"

핵심역량

지식정보처리 역량
- 문제 · 과제 인식하기: 회오리바람이 생기는 원인과 회오리바람을 만드는 방법에 대해 호기심을 갖는다.
- 해결책 탐색하기: 정보와 자료를 수집하고 활용하면서 문제해결 방법을 찾는다.
- 해결 및 평가하기: 회오리바람을 만들기 위한 계획을 세우고 다양한 방법으로 회오리바람을 만든다.

창의적 사고 역량
- 합리적으로 사고하기: 회오리바람이 생기는 원인을 논리적으로 표현한다.

심미적 감성 역량
- 감상하기: 물감으로 회오리바람의 느낌을 오감으로 지각한다.
- 표현하기: 색으로 회오리바람을 아름답게 표현한다.

이와 같은 활동상황을 일일교육실행서로 제시하면 다음과 같다.

일일교육실행서

<table>
<tr><td>놀이주제</td><td>회오리바람 조사하기</td></tr>
<tr><td>날짜</td><td>년 월 일 요일</td></tr>
<tr><td>일과 시간표</td><td>* 유치원이나 어린이집의 하루 일과를 간단히 기록</td></tr>
<tr><td>놀이 이야기 (영유아행동 관찰)</td><td>커다란 검은색 장판지 위에 하얀색 물감을 붓고 양손으로 물감을 휘저으며 회오리바람을 만든다. 찬호는 바로 손에 물감을 묻히고 팔을 움직이며 물감놀이를 시작한다. 반면, 지우는 머뭇거리며 손을 대지 않는다. 유아들은 오즈의 마법사 주제곡 〈Over the Rainbow〉의 리듬에 따라 양손을 휘저으며 회오리바람을 만들기도 하고, 크고 작은 움직임으로 회오리바람을 만들기도 한다. 수빈이는 회오리바람 소리를 입으로 내면서 양손을 움직이기도 한다.

"손으로 회오리바람을 만들었어."
"손을 크게 돌리면 회오리바람이 생겨."
"큰 동그라미를 만들면 이렇게 큰 회오리바람이 되지."
"도로시의 집을 이렇게 멀리 날아가게 만들어. 이 회오리바람이 말이야."
지우는 쉽게 물감에 손을 대지 못하고 다른 친구들의 놀이 모습을 살펴보다가 하늘색 물감을 붓자 조금씩 손을 대며 회오리바람을 만들어 간다. 하얀색과 하늘색이 섞이면서 색깔이 점점 연해지자 "하늘색이야." "회오리바람은 무슨 색이지?"라며 회오리바람의 색에 관심을 보인다.
"저기 멀리서 회오리바람이 다가와요." "회오리바람이 높이 올라갔네요." "회오리바람의 힘이 아주 약해졌어요." "아주 빨리 돌면서 집을 날려 버렸어요."와 같은 교사의 이야기에 따라 유아들은 팔의 움직임을 조절하여 회오리바람을 만든다.</td></tr>
<tr><td>영유아 문화문해</td><td>• 회오리바람의 모양과 색에 관심을 보인다.
• 음악의 리듬이나 강약에 따라 손의 움직임을 달리하면서 회오리바람을 크게 작게 표현한다.</td></tr>
<tr><td>문화문해 과정</td><td>• 심미적 감성 역량
- 감상하기: 물감으로 회오리바람의 느낌을 오감으로 지각한다.
- 표현하기: 색으로 회오리바람을 아름답게 표현한다.
• 상상표현
- 물감을 활용함으로써 눈에 보이지 않는 바람의 색에 호기심을 갖는다.
- 몸으로 직접 바람을 만들어 봄으로써 바람의 움직임에 관심을 가지고 생동감 있게 표현하고 있다.
- 물감의 색을 유아들이 선정한다면 회오리바람에 대한 유아의 생각을 더 잘 알 수 있을 것이다.</td></tr>
<tr><td>추후 계획</td><td>• 감상놀이
- 유아들이 만든 회오리바람 결과물을 어떻게 활용할 것인지 토의하기</td></tr>
</table>

4) 노란 길 구성하기

(1) 노란 길 조사하기

문화문해교육 교수 · 학습 방법

관찰탐구/상상표현

유아들은 환상의 나라에서 도로시가 걸어간 노란 길에 관심을 갖는다. 우리 동네에서 노란 길을 찾아보고 교실 안에 노란 길을 만들면서 노란 길의 느낌과 상징적 의미를 알아본다.

유아들은 오즈의 나라에 도착한 도로시가 노란 길을 걸으면서 환상의 나라를 여행하는 이야기를 계속 감상한다. 도로시가 걸어가는 노란 길에 관심을 가지고 교실 내에 블록으로 커다란 노란 길을 만든다. 노란 길 중간중간에 환상의 나라로 통하는 통로를 만들기도 하고, 노란 길을 따라 벌어지는 모험 이야기를 상상하기도 하면서 놀이한다.

"노란 길을 따라가면 에메랄드 성으로 갈 수 있지."
"노란 길을 블록으로 만들어 보자. 그래야 우리도 에메랄드 성에 도착할 수 있어."
"노란 길은 매우 길어야 하는데, 우리 교실에는 어디까지 노란 길을 만들 수 있을까?"

유아들은 유치원을 오가며 보았던 우리 동네의 노란 길을 기억하고 노란 길을 찾아보기로 한다. 노란 길이 있는 곳을 기억하여 그 장소를 찾아보기도 하고, 우연히 노란 길을 발견하기도 한다. 유아들은 건널목, 점자 표시가 있는 인도 등 노란 길을 찾아내고 그 길을 따라 걷는다. 걷는 도중 노란 길뿐만 아니라 주변에서 볼 수 있는 노란색을 찾아내기도 하고, 오즈의 마법사의 노란 길과 비교하기도 한다. 우리 동네에서 찾아낸 노란 길의 공통점을 찾아본 결과, 유아들은 노란 길이 위험을 알리는 표시로 사람들의 안전을 도와주는 길이라고 해석한다. 교실로 돌아온 유아들은 노란 길의 의미를 기억하고 모험의 나라로 안내하는 노란 길을 구성해 나가면서 새로운 이야기를 상상하고 놀이한다.

"우리 동네에도 노란 길이 있구나."
"이 길을 따라가면 에메랄드 성이 나오는 거 아니야?"
"여기 노란 길은 건널목에 있어."
"노란 길을 따라가면 안전하다는 뜻일까?"
"그럼 노란 길은 안전한 길이라는 뜻인가?"
"그럼 도로시도 우리처럼 노란 길을 따라가면 안전하게 에메랄드 성으로 갈 수 있다는 말인가 봐."
"저기 봐! 신호등에도 노란색이 있어. 그리고 여기 표지판에도 노란색이 있고."

"노란 발자국을 찍으면 노란 길이 만들어져."
"이렇게 노란 발자국을 찍으면서 에메랄드 성까지 가 보자."
"이렇게 걸으니까 달나라를 걷는 느낌이야. 달나라에도 노란 길이 있을까?"
"그렇다면 도로시가 혹시 회오리바람을 타고 달나라로 간 건 아닐까?"

핵심역량

지식정보처리 역량

- 문제 · 과제 인식하기: 노란 길에 관심을 가지고 우리 동네에서 노란 길을 찾아보기로 한다.
- 해결책 탐색하기: 우리 동네의 노란 길에 대한 정보를 수집한다.
- 해결 및 평가하기: 우리 동네의 노란 길을 직접 관찰하면서 상징적 의미를 알아본다.

의사소통 역량

- 표현하기: 우리 동네에서 찾아낸 노란 길에 대해 언어적 · 비언어적으로 표현한다.
- 의미 구성하기: 일상에서, 이야기의 맥락 속에서 노란 길의 의미를 구성한다.

(2) 노란 길 구성하기

문화문해교육 교수 · 학습 방법

감상놀이/상상표현

오즈의 마법사를 감상하면서 유아들이 알아낸 노란 길의 의미를 역할놀이로 표현한다. 노란 길을 따라가면서 새로운 환상의 세계를 만들어 내고 이야기를 펼쳐 나간다.

유아들은 자신들이 알아낸 노란 길의 의미를 역할놀이 과정에서 드러내며 교실 내에 노란 길을 계속 만들어 나간다. '위험을 알려 주는 노란 길' '안전하게 안내하는 노란 길'이라는 의미를 이야기의 맥락에 따라 '환상의 나라로 안내하는 노란 길'로 만들고, 그 안에서 벌어지는 새로운 이야기를 만들어 낸다.

"꼬불꼬불 노란 길을 따라서 도로시와 허수아비, 양철나무꾼, 겁쟁이 사자가 여행을 하고 있어."
"노란 길을 따라가면 에메랄드 성에 도착할 수 있지. 그런데 아주 멀고 위험한 길이야."
"그렇지만 노란 길을 따라가면 소원을 이룰 수 있으니까 희망의 길이지."

"우리 교실에도 노란 길을 만들어야 해. 그래야 우리가 환상의 나라를 돌아다닐 수 있지."
"노란 길을 따라서 환상의 나라를 만들어야지."
"노란 길은 무척 길어. 끝이 어디인지 나도 잘 몰라."
"노란 길은 에메랄드 성까지만 가는 게 아냐. 계속 다른 곳으로도 갈 수 있는 길이야. 그래서 길어야 해."

"책상 위에도 기다랗고 꼬불꼬불한 노란 길이 생겼어."
"에메랄드 성으로 가려면 노란 길을 따라 신기한 나라들을 지나가야 해."
"무섭고 위험한 나라들이 있을지도 몰라."

"노란 길은 아주 멀리 계속 이어져. 교실 밖으로 노란 길을 만들어 나가자."
"노란 카드에 우리가 원하는 소원을 적어서 노란 길을 만들면 꼭 이루어질 거야."
"이렇게 하니까 노란 벽돌로 만든 길 같아. 벽돌 한 장, 벽돌 두 장~!"
"그래서 노란 길은 우리 소원을 이루어 주는 희망의 길이야."

핵심역량

심미적 감성 역량
- 표현하기: 노란 길을 상상하면서 아름답게 표현한다.

창의적 사고 역량
- 참신하게 사고하기: 노란 길을 따라 일어날 수 있는 일을 융통성 있게 상상해 본다.
- 적절하게 사고하기: 이야기의 맥락에 맞게 노란 길을 상상해 본다.

협력과 성장: 함께 해결해요

환경을 구성할 수 있는 공간이 부족해요.

유아들이 역할놀이를 하면서 배경이 되는 공간을 만들고 싶어 하는데, 교실에 그 공간을 만들 만한 공간이 없어서 고민입니다.

달빛유치원 5세반 박 교사

놀이 공간이 반드시 교실 내에 만들어져야 하는 것은 아니지요. 유치원의 빈 공간이나 마당 또는 다른 교실의 빈 공간을 활용하면, 학급에서 시작된 놀이는 다른 학급의 놀이에도 영향을 미칠 것입니다. 공간을 어느 곳에 만드는가에 따라서 학급 유아의 관심을 확장시킬 수 있고 다른 학급의 유아도 관심을 가질 수 있도록 동기유발해 주는 기회가 될 수도 있습니다.

저자

5) 환상의 나라 구성하기

(1) 환상의 나라 지도 그리기

문화문해교육 교수 · 학습 방법

관찰탐구/상상표현

노란 길을 따라 오즈의 마법사를 재현하고 새로운 이야기를 만들어 나가다가 마녀들이 나오는 나라에 관심을 갖는다. 유아들은 마녀가 나오는 동쪽, 서쪽, 남쪽, 북쪽 위치를 탐색하고 지도를 그린다.

유아들은 노란 길을 만들면서 오즈의 마법사 역할놀이를 계속 즐긴다. 노란 길을 따라 상상의 이야기를 만들고, 환상의 나라에 대한 관심도 높아진다. 동쪽, 남쪽, 서쪽, 북쪽 마녀들에 대한 이야기를 재현하면서 방향과 위치를 측정하고 환상의 나라를 만든다.

"환상의 나라 북쪽에는 착한 마녀가 살고 있어. 남쪽 나라에도 착한 마녀가 살아."
"그런데 동쪽 나라와 서쪽 나라에는 나쁜 마녀가 살고 있었지?"
"환상의 나라 한가운데에 에메랄드 성이 있어. 바로 여기야."

환상의 나라 지도를 만들면서 오즈의 마법사가 살고 있는 에메랄드 성이 지도의 중심이라는 것을 알아내고, 교실의 중심점에 에메랄드 성을 만들기로 한다. 이에 따라 유아들은 교실의 모양을 탐색하고 교사와 함께 중심을 알아내는 방법을 토의한다. 우선 교실을 돌아보면서 교실의 모서리를 찾아서 교실의 모양을 탐색한다. 교실의 모양대로 종이에 그림을 그린 후, 마주 보는 모서리를 줄로 이어서 중심점을 찾는다. 그리고 그 방법을 적용하여 교실의 모서리를 긴 줄로 이어서 중심점을 찾아낸다. 우산으로 꾸민 에메랄드 성을 교실의 중심점에 매달고 역할놀이에 활용한다.

"우리 교실은 네모가 아니야."
"삐죽삐죽한 곳이 많아. 이런 모양이야."
"모양을 그리기가 어려워. 선생님께 도와달라고 하자."
"이렇게 자를 이용하면 모양을 그리기가 쉬워지는구나."
"이런 모양을 오각형이라고 해. 우리 교실은 오각형이야."

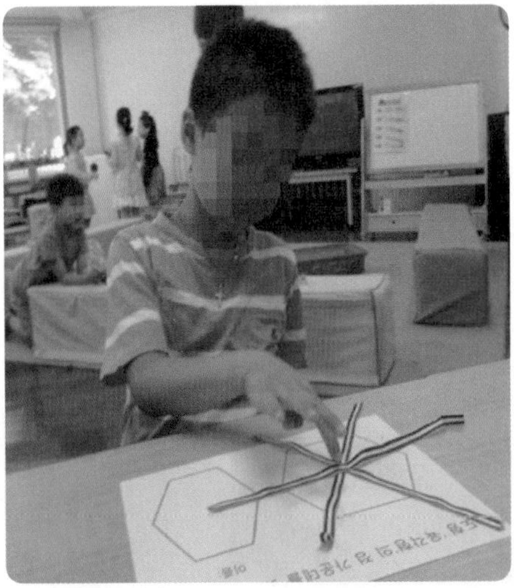

"그런데 우리 교실에서 가운데를 어떻게 찾지?"
"줄을 놓아 보면 가운데가 어딘지 알 수 있어."
"모서리끼리 연결해야 해. 그런데 모서리가 어디지?"
"아하! 이렇게 연결하면 되겠다. 줄이 더 많이 필요한데?"
"세 개의 줄로 연결하니까 가운데가 어딘지 찾았어! 바로 여기야."

"그림처럼 교실 바닥에도 줄을 놓아 보자. 긴 줄이 필요해."
"그런데 이렇게 긴 줄이 있을까?"
"교재실에서 찾아보면 어떨까? 거기에는 있을지도 몰라."
"어디서부터 재어 봐야 하지? 이쪽 끝인가?"
"이렇게 꺾어진 곳에서부터 저쪽 꺾어진 곳까지 연결하면 돼."
"그럼 이쪽 끝은 한석이가 잡고, 저쪽 끝은 내가 잡아 볼게."
"줄이 삐뚤어지지 않았는지 살펴봐."
"줄이 서로 만나는 곳이 우리 교실의 가운데야."

"줄이 만나는 곳이 우리 교실의 한가운데이니까 바로 여기에 우산을 걸어야 할 것 같아."
"그런데 우산을 걸기 전에 에메랄드 성을 먼저 꾸미면 어떨까? 왜냐하면 우산을 먼저 걸면 키가 닿지 않아서 꾸밀 수가 없어."
"와! 교실 가운데에 에메랄드 성을 만들었어."
"에메랄드 성이 반짝거린다."

핵심역량

지식정보처리 역량
- 문제 · 과제 인식하기: 에메랄드 성을 교실의 중심에 만들기 위해 중심점을 찾기로 한다.
- 해결책 탐색하기: 교실의 중심점을 찾는 방법을 토의하고 필요한 정보를 모은다.
- 해결 및 평가하기: 교실 모양을 탐색하고 모서리를 연결하여 중심점을 찾는다.

창의적 사고 역량
- 참신하게 사고하기: 교실의 중심점을 찾기 위한 방법을 고민하면서 유창하고 다양하게 사고한다.
- 합리적으로 사고하기: 교실의 모양을 측정하고 문제를 해결하기 위해 논리적이고 일관성 있게 사고한다.

(2) 환상의 나라 구성하기

문화문해교육 교수 · 학습 방법

상상표현

오즈의 마법사 역할놀이를 하면서 유아들은 환상의 나라에서 일어날 수 있는 일들을 상상한다. 역할극의 배경이 되는 환상의 나라를 만들어 나가면서 놀이를 즐긴다.

유아들은 환상의 나라에서 일어나는 여러 가지 일을 상상하면서 역할놀이를 즐긴다. 유아들이 상상한 이야기에는 새로운 인물이 등장하기도 하고, 예상치 못한 사건이 만들어지기도 하면서 환상의 나라 이야기가 펼쳐진다.

"하늘을 나는 원숭이가 사는 나라야."
"성은 굉장히 튼튼하지만, 그래도 성을 지키려면 아주 센 힘이 필요해."
"여기에는 신기한 동물들이 많이 살고 있을 것 같아."
"그래서 원숭이도 날개가 달려 있나 봐. 발톱도 뾰족해서 성을 잘 지킬 수 있는 거야."

"환상의 나라로 가는 길에 신기한 나무를 만났어."
"나무 구멍으로 들어가면 나쁜 마녀들을 피할 수 있어. 어서 들어와!"
"나무속은 초록색이리시 풀 냄새가 나. 아주 향기로운 냄새야."
"신기한 초록 나무야. 오즈의 마법사는 어디에 있는 거니?"

유아들은 오즈의 마법사가 사는 초록빛 에메랄드 성에 관심을 가지면서 왜 모두 초록빛인지 궁금해한다. 초록빛을 느껴 보기 위해 온몸으로 물감놀이를 하고 주변에서 초록빛 물건들을 찾거나 모은다. 교실을 초록빛 환상의 나라로 꾸미기 위해 지속적으로 토론하고 재료를 모은다. 교실에 초록빛 천을 드리우고 초록색 풍선을 매달아 초록빛 환상의 나라를 꾸며 나간다. 초록빛 공간 속에서 유아들은 끊임없이 새로운 등장인물과 이야기를 만들어 나가며 놀이한다.

"오즈의 나라는 온통 초록색이야."
"초록색 속에 있으니까 나무 요정이 된 것 같아. 초록 냄새가 나지?"
"요정처럼 춤춰 보자. 우리 모두 팅커벨이 된 것 같아."
"초록색 나라에서는 모두 팅커벨처럼 날아다닐 수 있는 거지?"

"노란 길을 따라오면 드디어 에메랄드 성에 도착해."
"드디어 에메랄드 성이 완성되었어. 오즈 마법사님, 어디 계세요?"
"에메랄드 집에서는 신기한 일이 많이 생길 것 같아. 정말 멋있지?"

핵심역량

창의적 사고 역량
- 참신하게 사고하기: 환상의 나라에 호기심을 가지고 독창적으로 사고한다.
- 적절하게 사고하기: 오즈의 마법사 이야기의 맥락에서 환상의 나라를 구성한다.

심미적 감성 역량
- 감상하기: 유아들이 만든 이야기를 오감으로 지각하고 관찰한다.
- 표현하기: 환상의 나라를 아름답게 표현한다.
- 삶의 질 추구하기: 환상의 나라를 만들어 가면서 정서적 안정감을 가지고 다양한 시각으로 관찰한다.

6) 등장인물의 의미 탐구하기

(1) 등장인물 만들기

문화문해교육 교수 · 학습 방법

관찰탐구/상상표현

역할놀이에 필요한 환경을 만들고 역할놀이를 진행하면서 점차 등장인물에 관심을 갖는다. 등장인물이 되어 역할놀이하면서 그들의 감정과 생각을 읽어 내고 공감하며 인물들의 특성을 찾아 나간다.

유아들은 오즈의 마법사 역할놀이를 하면서 이야기의 등장인물에 점차 호기심을 갖는다. 도로시와 강아지 토토, 허수아비, 양철나무꾼, 사자를 비롯하여 도로시의 삼촌과 숙모, 마녀, 날개 달린 원숭이, 먼치킨 등 여러 인물의 개별 이야기에 관심을 갖고 상상하여 표현한다. 유아들은 각각의 등장인물이 되어 그들의 행동과 말을 재현하면서 등장인물의 생각과 감정을 읽어 내고 공감하며 인물들의 특성을 찾아 나간다. 유아들이 해석한 등장인물의 특성을 그림이나 역할극 등으로 마음껏 표현하고, 필요한 소품을 만들어서 역할놀이에 활용한다.

"도로시와 허수아비, 양철나무꾼 아저씨, 겁쟁이 사자는 함께 에메랄드 성으로 가고 있어."
"가는 도중에 날개 달린 원숭이 나라를 지나가게 되지."
"날아다니는 원숭이를 만나면 무서울 것 같아. 지혜를 발휘해야 해."

"원래 원숭이는 날개가 없어도 나무 위를 잘 뛰어다닐 수 있어."
"하늘을 나는 원숭이는 날개가 달려 있어서 더 멀리까지 날아갈 수 있는 거야."
"그럼 원숭이 나라에서는 누가 대장이 되는 거지?"
"원숭이 대장은 이렇게 생겼어. 얼굴은 초록빛이고, 뿔이 달려 있어. 그래서 용기 있게 제일 앞장서서 날아갈 수 있어."

"서쪽 나라 나쁜 마녀는 물을 맞으면 녹아서 사라져."
"어서 물을 뿌리자! 물을 가져와!"
"물을 무서워하는 것은 불인데? 마녀가 왜 불처럼 꺼져 버리는 걸까?"
"아니면 마녀는 설탕으로 만들어졌을까? 설탕도 물에 녹아 버리잖아."

"양철나무꾼은 아주 튼튼한 양철로 만들어져 있어서 부서지지 않을 거야."
"딱딱한 양철이라서 두드리면 둥둥 소리가 날 것 같아."
"깡통을 이용하면 양철하고 똑같아질 것 같은데?"
"양철나무꾼은 심장이 없으니까 가슴 안에는 아무것도 들어 있지 않아야 해."
"그럼 빈 상자로 몸통을 만들자."
"나중에 사랑의 마음이 생기면 어떻게 이 안에 마음을 넣어 주지?"

"허수아비는 지푸라기로 만들어야 하지."
"양철나무꾼처럼 튼튼하지는 않지만 새들을 쫓아야 하니까 조금 무서운 얼굴로 만들어야 할 것 같은데?"
"그런데 사실은 허수아비는 지혜가 있어. 그래서 무섭지 않아. 똑똑한 얼굴로 만들어야지."
"허수아비가 진짜 움직이면 좋겠다. 그러면 우리랑 같이 역할놀이를 할 수 있을 텐데……."
"그 대신 우리가 하면 되잖아. 내가 허수아비 할게."

핵심역량

의사소통 역량
- 표현하기: 언어적 · 비언어적 방법으로 등장인물의 특징을 표현한다.
- 의미 구성하기: 이야기의 맥락에 맞게 등장인물의 관점에서 의미를 구성한다.
- 이해하기: 오즈의 마법사를 이해하고 등장인물의 생각과 마음에 공감한다.

심미적 감성 역량
- 표현하기: 등장인물을 조형물로 표현한다.

협력과 성장: 함께 해결해요

유아의 관심사는 어떻게 찾을 수 있나요?

유아는 그림책의 이야기보다도 그림을 보면서 한쪽에 나오는 작은 부분들, 예를 들면 동물이나 작은 풀 같은 것에 더 관심을 갖는 것 같습니다. 이렇게 보이는 유아의 관심을 어떻게 따라가야 하는지 걱정이 됩니다.

하늘유치원 4세반 황 교사

우리가 똑같이 TV의 드라마를 보더라도 모든 사람이 다 주인공만 관심을 가지고 보는 것은 아닙니다. 주인공이 입고 나온 옷이나 머리모양, 드라마의 배경이 되는 장소, 잠깐 등장하는 배역 등 사람들이 각자 관심을 갖게 되는 부분은 매우 다양합니다. 유아도 마찬가지입니다. 같은 동화책을 보더라도 유아가 관심을 쏟는 부분은 다를 수 있습니다. 유아가 관심을 보이는 것을 통해서 이야기 전체를 들여다보게 되면 이야기의 의미를 더 깊이 이해하는 계기가 됩니다. 이와 같이 동화 속 작은 부분에 집중하며 이야기를 해석해 나가면 새롭게 이야기를 접할 수 있게 될 것입니다. 이것이 바로 유아의 흥미와 관심사에 따라 교육이 진행되는 예가 될 수 있습니다.

저자

(2) 허수아비의 의미 탐구하기

문화문해교육 교수 · 학습 방법

관찰탐구/상상표현

등장인물에 관심을 가지기 시작한 유아들은 허수아비의 특성을 탐구한다. 지혜가 무엇인지 알아보는 과정에서 '뇌'에 대해 호기심을 가지고 관련 정보를 다양하게 수집하여 탐구하고 표현한다.

역할놀이를 즐기던 유아들은 지혜를 갖고 싶은 허수아비에 관심을 보이며 '지혜'가 무엇인지 서로 이야기를 나눈다. 허수아비가 지혜를 갖지 못한 것은 뇌가 없기 때문이라고 생각하여 뇌에 대한 궁금증을 나타내고, 지혜가 들어 있는 뇌를 탐구하기 시작한다. 뇌와 관련된 과학 그림책을 비롯하여 뇌 사진과 영상을 감상하며 뇌에 대한 정보를 조사하고 기록한다.

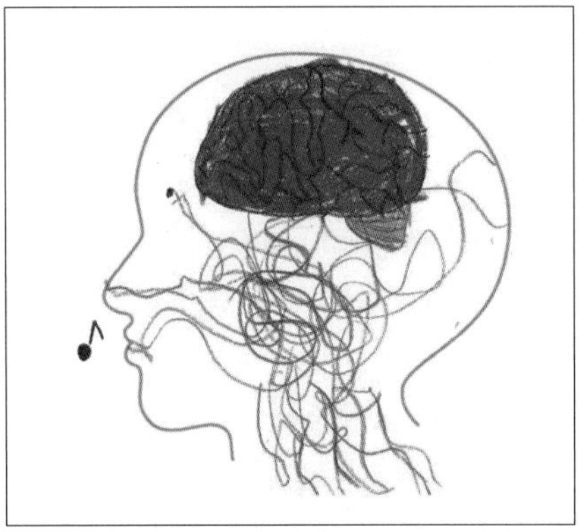

"지혜는 뇌에서 나오는 거야. 우리 머릿속에는 뇌가 있어."
"뇌에는 핏줄이 있는데, 핏줄 옆에 생각이 다니는 줄이 있어서 생각이 모이는 것을 서로 도와주는 거야."
"이상한 생각이나 나쁜 생각을 버리는 방이 있고, 좋은 생각을 건져 내는 방도 있어."
"생각이 계속 돌고 돌면서 생각들이 만나면 더 좋은 생각을 하게 돼."
"생각이 너무 꽉 차 버리면 작은 구슬로 변해 저장되고, 다시 생각 방이 계속 생겨나는 거야."

유아들은 그림책과 인터넷, 관련 서적들을 통해 얻어 낸 뇌에 관한 정보들을 정리한다. 그 과정에서 궁금한 것들이 계속 생겨나고, 이것을 해결하기 위해 뇌 박사님을 초대하여 뇌 이야기를 직접 들으면서 궁금증을 해소한다.

"뇌는 정말 신기해."
"생각이 모이면 지혜가 되는 건가 봐."
"좋은 생각들이 모여야 지혜가 될 수 있어."
"그럼 허수아비가 지혜를 가지려면 좋은 생각들을 많이 모으면 되겠네."
"박사님이 뇌를 튼튼하게 하려면 채소도 잘 먹어야 한다고 하셨어."
"나도 나중에 뇌 박사님이 될 거야."

유아들은 자신들이 알게 된 뇌에 대한 정보를 그림으로 그리거나 도식화하여 정리한다. 뇌에 있는 여러 개의 생각의 방을 만들고, 각각의 방에 모인 생각들이 한데 모이면 지혜가 된다고 결론짓는다. 또한 교실에 블록으로 커다란 뇌를 만들고 유아가 직접 '생각'이 되어서 각 방으로 옮겨 다니며 생각의 흐름을 표현해 본다.

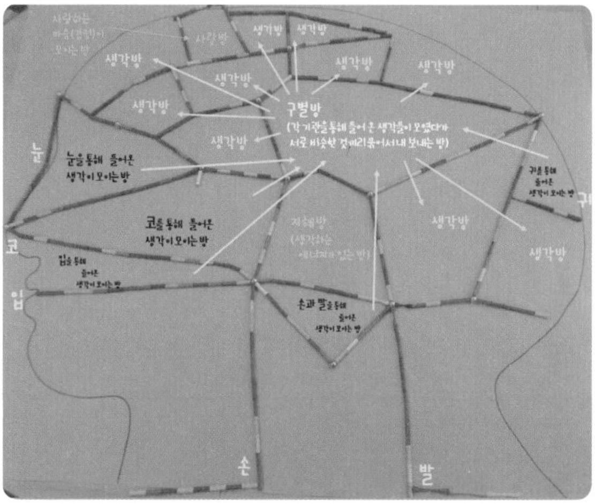

"사람의 머릿속에는 뇌가 들어 있어. 뇌에는 핏줄이 흐르고 여러 개의 생각의 방이 있어서 그 안에 생각들이 모이는 거야."
"우리가 눈으로 본 것들, 귀로 들은 것들, 손과 발로 느낀 것들, 코로 냄새 맡은 것들, 입으로 맛을 본 것들은 각각 다른 생각의 방에 모여."
"생각의 방에 모인 것들이 뇌의 한가운데에 함께 모이게 되면 그게 바로 지혜가 되는 거야."

"블록으로 우리 뇌에 들어 있는 방들을 만들어 보자."
"나는 귀로 들은 재미있는 '말'이야. 이제 귀로 들은 것들을 모으는 생각의 방으로 가야 해. 거기는 귀로 들은 것들만 모이는 방이거든."
"눈으로 본 그림들은 여기 뒤에 있는 방으로 가야 해. 다른 방으로 가지 않도록 주의해야 해."

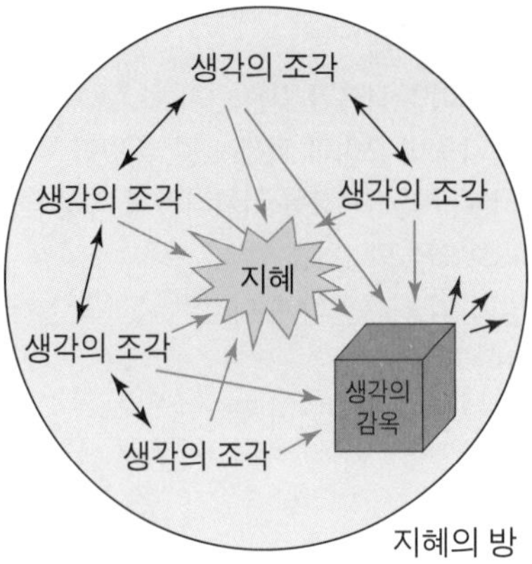

"지혜는 이렇게 생각의 조각들이 모여서 만들어지는 거야. 우리가 그린 그림을 선생님이 이렇게 만들어 주셨어."
"누구나 쉽게 알 수 있는 건 좋은 생각이 아니야."
"처음에는 어렵고 자꾸 모르겠고 답답하지만, 조금만 참고 계속 고민하면 좋은 생각들을 만들 수 있어. 그게 바로 지혜의 방이 되는 거야."
"좋은 생각의 조각들은 지혜의 방에 모이고, 나쁜 생각의 조각들은 생각의 감옥에 갇히게 되어서 나오지 못해."

핵심역량

지식정보처리 역량
- 문제 · 과제 인식하기: 허수아비가 가지고 싶은 지혜에 대해 알아보기로 한다.
- 해결책 탐색하기: 뇌에 대한 정보를 얻기 위한 방법을 탐색한다.
- 해결 및 평가하기: 뇌에 관한 자료를 조사하고, 전문가에게 뇌에 대한 이야기를 들으면서 뇌에 대한 정보를 얻는다.

의사소통 역량
- 표현하기: 뇌에 대해 알게 된 정보를 언어적 · 비언어적 방법으로 다양하게 표현한다.
- 의미 구성하기: 뇌에 대해 알게 된 정보를 다양한 매체로 효율적이고 효과적으로 구성한다.
- 이해하기: 이야기를 경청하여 듣고 적절하게 반응하며 그 내용을 이해한다.

(3) 양철나무꾼의 의미 탐구하기

문화문해교육 교수 · 학습 방법

관찰탐구/상상표현

역할놀이를 하면서 심장을 잃어버린 양철나무꾼의 이야기를 상상하며 관심을 보인다. 양철나무꾼 역할을 재현하면서 그 마음을 이해하고 모형을 만들어 놀이한다.

먼치킨 아가씨와 사랑을 이루지 못하고 심장을 잃어버린 양철나무꾼의 이야기를 상상한다. 역할놀이를 하면서 양철나무꾼의 생각과 감정에 공감하고 양철나무꾼의 마음을 이해한다. 심장을 잃어버린 양철나무꾼을 모형으로 만들고 역할놀이를 계속 이어 나간다.

"양철나무꾼은 사랑하는 먼치킨 아가씨와 헤어져서 굉장히 슬퍼."
"그래서 다시 사랑의 마음을 찾고 싶은 거야."
"심장이 없어서 가슴이 비었지만 양철나무꾼 안에는 이미 사랑이 가득 차 있어. 사랑은 눈에 보이지 않는 거니까."
"허수아비의 지혜도 눈에 보이지 않아. 모두 똑같아."
"맞아. 사자의 용기도 우리 눈으로 볼 수 없어. 만질 수도 없고."

핵심역량

창의적 사고 역량
- 참신하게 사고하기: 심장을 잃어버린 양철나무꾼의 이야기를 상상한다.
- 적절하게 사고하기: 오즈의 마법사 이야기의 맥락에서 양철나무꾼의 이야기를 생각해 본다.

심미적 감성 역량
- 표현하기: 양철나무꾼을 조형물로 표현한다.
- 삶의 질 추구하기: 양철나무꾼의 사랑을 느끼면서 사랑의 가치를 이해한다.

협력과 성장: 함께 해결해요

놀이가 더 깊게 확장될 수 있도록 하려면 어떻게 해야 하나요?

동화를 계속 반복적으로 읽고 있는데 유아가 조금씩 지루해하는 것 같은 느낌이 들어요. 이제는 내용을 다 외울 정도이고 무엇을 의미하는 것인지도 알고 있어서 너무 빨리 동화가 주는 메시지를 파악해 버린 것 같아 걱정이 됩니다.

달빛유치원 5세반 임 교사

유아가 동화 속으로 빠져들도록 하는 방법이 반복적인 읽기만 있는 것은 아닙니다. 공간 속에서 놀아 보았을 때 알고 싶은 것, 궁금한 것을 찾아낼 수 있을 것입니다. 탐구와 함께 놀이가 진행되면 활동을 더 깊이 있게 느낄 수 있게 됩니다. 단지 머리로 이해하고 아는 것에서 그치지 않고 마음으로 느끼게 되려면 직접 주인공이 되어서 감정이입하여 놀이할 기회가 필요합니다.

저자

(4) 사자의 의미 탐구하기

문화문해교육 교수・학습 방법

감상놀이/상상표현

역할놀이를 하면서 용기를 잃어버린 사자의 이야기를 상상하며 관심을 보인다. 사자의 역할을 재현하면서 그 마음을 이해하고 놀이한다.

용감하고 무서운 사자가 아닌 겁 많고 용기 없는 사자의 이야기에 관심을 보인다. 왜 용기 없는 사자가 되었는지 사자의 이야기를 상상하면서 용기가 갖고 싶은 사자의 마음과 생각을 표현한다. 역할놀이에 필요한 소품을 만들고 사자 이야기를 상상하여 새로운 이야기를 만들며 더욱 세밀하게 역할놀이를 펼쳐 나간다.

"어흥! 난 숲 속의 왕자이지만 겁이 많은 사자야."
"나는 아주 작은 생쥐가 나타나도 무서워서 도망을 가. 나에게도 용기가 있었으면 좋겠어."
"오즈의 마법사는 용기를 주는 알약을 만들어 줄 수 있을 것 같아."

핵심역량

창의적 사고 역량
- 참신하게 사고하기: 용기를 잃어버린 사자의 이야기를 상상한다.
- 적절하게 사고하기: 오즈의 마법사 이야기의 맥락에 맞게 사자의 이야기를 지어 본다.

의사소통 역량
- 표현하기: 사자의 생각과 감정을 언어, 표정, 몸짓 등 다양한 방법으로 표현한다.
- 의미 구성하기: 사자의 관점에서 맥락에 맞게 이야기를 구성한다.
- 이해하기: 오즈의 마법사에 나오는 사자 이야기의 내용을 이해한다.

(5) 소원을 들어주는 인물 찾기

문화문해교육 교수 · 학습 방법

관찰탐구/교류발전

도로시 일행의 소원을 들어주는 오즈가 등장하는 장면에서 유아들은 소원을 이루어 주는 인물에 호기심을 갖는다. 오즈처럼 소원을 이루어 주는 인물이 나오는 그림책을 찾아보면서 공통점과 차이점을 발견한다.

도로시 일행이 에메랄드 성에 도착하여 마법사 오즈를 만나는 장면에 관심을 가진 유아들은 오즈와 같이 소원을 들어주는 인물에 관심을 갖는다. 콩쥐를 도와주는 참새, 신데렐라를 공주로 만들어 주는 요정, 알라딘의 요술램프에서 나오는 지니 등 주인공의 소원을 이루어 주는 인물들을 그림책에서 찾아내고 오즈와 공통점 또는 다른 점을 찾아본다.

"알라딘의 요술램프에서 나오는 지니도 알라딘의 소원을 들어주는 마법사야."
"오즈도 소원을 들어주는 마법사지만 요술램프 지니와 같이 진짜 마법을 부릴 수는 없어. 오즈는 진짜 마법사가 아니야."
"진짜 마법사가 아니어도 다른 사람의 소원을 이루어 줄 수 있어."
"산타 할아버지도 우리 소원을 들어주는 사람이야. 산타 할아버지는 마법사가 아닌데도 말이야."

핵심역량	지식정보처리 역량 - 문제 · 과제 인식하기: 다른 그림책에도 오즈와 같은 사람이 있는지 알아보기로 한다. - 해결책 탐색하기: 필요한 그림책을 집과 유치원, 도서관 등에서 찾아 모으기로 한다. - 해결 및 평가하기: 오즈와 같이 소원을 이루는 인물이 나오는 그림책을 찾아서 비교해 본다. 의사소통 역량 - 표현하기: 그림책에서 소원을 이루는 인물을 찾아서 언어적 · 비언어적 방법으로 표현한다. - 이해하기: 그림책의 내용을 이해한다.

7) 지혜롭게 문제 해결하기

문화문해교육 교수 · 학습 방법

관찰탐구/상상표현

역할놀이를 하면서 계곡을 건너야 하는 문제 상황을 접한다. 유아들은 다양한 의견을 제안하며 문제를 해결하기 위한 방법을 토의하고 시행착오를 거쳐 해결점을 찾아간다.

역할놀이를 즐기면서 노란 길이 끊어지고 계곡에 다다르는 장면을 표현한다. 어떻게 계곡을 건너가야 할지에 관한 문제 상황을 접하게 되고, 계곡을 건널 수 있는 방법을 알아내기 위해 토의하면서 생각날 때마다 자유롭게 기록한다. 유아들은 계곡을 건너뛰어 가기, 뗏목을 만들어서 건너기, 까마귀와 까치가 만들어 준 다리를 건너가기, 열기구를 타고 건너가기 등 다양한 문제해결방법을 제시한다. 그리고 각각의 의견에 따라 실제로 필요한 도구를 만들어서 시행착오를 거치며 해결점을 찾아간다.

“우선 계곡을 만들어 보자.”
“어떻게 건너갈지 지혜를 모아야 해.”
“모래를 파고 계곡을 만들어.”
“어쩌지? 물을 부으니까 모래 속으로 물이 사라졌어.”
“물이 없어지지 않으려면 무언가를 깔아야 해.”
“내가 비닐을 구해 올게.”
“우와! 지혜로운 생각이다. 우석이는 지혜가 있는 허수아비 같아!”

“영차영차! 뗏목을 만들어서 건너가자.”

“까치와 까마귀가 다리를 만들어 주면 계곡을 건너갈 수 있어.”

“열기구를 만들어서 타고 가면 어떨까?”

“계곡을 건너려면 튼튼한 뗏목을 만들어야 해.”
“물에 뜨는 뗏목을 만들려면 어떤 재료가 필요할까?”
“페트병을 모아서 만들어 보자. 진짜 뗏목처럼.”

“우리가 만든 뗏목이 정말 물에 뜰까?”
“와~! 뗏목으로 계곡을 건너갈 수 있게 되었어.”

핵심역량

지식정보처리 역량
- 문제 · 과제 인식하기: 계곡을 건너갈 수 있는 방법을 찾아보기로 한다.
- 해결책 탐색하기: 계곡을 건너가는 방법에 대한 의견을 수집하고 분석한다.
- 해결 및 평가하기: 계곡을 건너가는 방법을 실행하고 평가한다.

창의적 사고 역량
- 참신하게 사고하기: 호기심을 가지고 독창적으로 사고한다.
- 합리적으로 사고하기: 계곡을 건너가는 방법에 대해 논리적이고 비판적으로 사고한다.

심미적 감성 역량
- 표현하기: 다양한 의견을 조형물로 표현한다.

이와 같은 활동상황을 일일교육실행서로 제시하면 다음과 같다.

일일교육실행서

놀이주제	지혜롭게 계곡 건너가기
날짜	년 월 일 요일
일과 시간표	* 유치원이나 어린이집의 하루 일과를 간단히 기록
놀이 이야기 (영유아행동 관찰)	도로시 일행이 노란 길을 따라 에메랄드 성으로 가는 길을 그림으로 그리고 있다. 한솔이가 "여기서는 노란 길이 없어지고 계곡이 나타나."라고 알려 주자 은결이가 『오즈의 마법사』 책을 들고 온다. 노란 길이 끊어지고 계곡이 나오는 장면을 찾아 펼쳐 놓고 "어떻게 건너가지? 뛰어갈까?" "도로시는 겁쟁이 사자를 타고 건너가고 있어."라고 하면서 책의 내용을 살펴본다. 교사가 "우리도 지혜를 발휘해서 건너갈 수 있는 방법을 생각해 볼까?"라고 제안하자, 유아들은 각자 계곡을 건너갈 방법에 대해 떠오르는 생각을 이야기한다.  "노란 길이 끊어졌어." "계곡이 나타났는데 어떻게 건너가지?" "우리 모두 지혜를 모아야 해." "건너갈 수 있는 방법을 생각해 보자." 계곡을 안전하게 건너기 위한 방법으로 한솔이는 『아라비안 나이트』에 나오는 양탄자를 타고 가면 된다고 한다. 은이는 계곡을 건너는 데는 뗏목이 가장 안전하기 때문에 뗏목을 만들자고 제안한다. 가영이는 열기구를 타고 가면 된다고 하고, 은결이는 『견우와 직녀』에 나오는 까마귀와 까치에게 오작교를 만들어 달라고 부탁하자고 제안한다. 유아들이 제안한 의견을 포스트잇에 기록하여 게시판에 붙인다. 교사가 지혜로운 방법이 더 생각날 수 있으니 아이디어를 더 모아 보자고 제안하자, 유아들은 찬성하며 내일까지 의견을 더 모아 보기로 결정한다. 유아들은 놀이 중간에 아이디어가 떠오르면 포스트잇에 기록하여 게시판에 붙여 둔다.
영유아 문화문해	• 다른 그림책에서 본 내용을 문제해결에 적극 활용하고 있다. • 유아들은 허수아비의 지혜로움을 자신들의 문제해결에 적용하고 있다.
문화문해 과정	• 지식정보처리 역량 - 문제 · 과제 인식하기: 계곡을 건너갈 수 있는 방법을 찾아보기로 한다. - 해결책 탐색하기: 계곡을 건너가는 방법에 대한 의견을 수집하고 분석한다. • 관찰탐구 - 자신의 생각을 소신 있게 이야기할 수 있도록 자유롭고 허용적인 분위기를 조성하고 유아의 생각을 도울 수 있도록 교사가 적절히 참여하자, 유아들은 이야기 속의 문제를 해결하기 위해 토의에 적극적으로 참여하며 흥미를 보이고 있다. - 이야기의 맥락 속에서 유아들이 제안한 방법에 대해 장단점을 생각해 보는 과정도 필요할 것이다.
추후 계획	• 상상표현 - 계곡을 건너갈 방법 결정하기 - 계곡을 건너갈 도구 설계도 그리기

8) 사랑의 마음 나누기

문화문해교육 교수 · 학습 방법

교류발전

오즈의 마법사에서 찾아낸 사랑의 마음을 일상생활에서 실천하고 그 느낌을 함께 공유한다.

유아들은 일상에서 놀잇감을 서로 양보하거나 서로 돕는 모습을 발견하고 우리도 마음속에 사랑이 있다는 것을 찾아낸다. 오즈의 마법사에서 사랑의 마음을 나누는 장면을 찾아서 스티커를 붙여 본다. 사랑의 마음을 나누기 위해 등장인물들이 어떤 행동을 하였는지 그림책을 보면서 이야기 나눈다. 오즈의 마법사처럼 눈에 보이지 않는 사랑의 마음을 일상에서 함께 나눌 수 있는 방법을 토론하여 도움이 필요한 친구를 먼저 도와주고, 속상한 친구의 마음을 이해하고 위로해 주며, 칭찬하고 격려하는 말을 주고받기를 약속한다. 사랑의 마음을 전하기 위해 편지 쓰기, 칭찬하기, 사랑한다고 말하기, 서로 도와주기, 나누기 등을 행하고 사랑의 마음을 나눈 후의 느낌과 생각을 이야기 나누며 함께 공유한다.

"우와~ 정말 멋있게 만들었다. 나도 이렇게 만들고 싶은데 도와줄 수 있니?"
"나는 블록으로 노란 길을 만들고 있는데, 그럼 함께 만들까? 내가 도와줄게."

"마음은 눈에 보이지 않는 거야. 말로 전하는 게 부끄러워서 편지 쓸게."
"'도와줘서 고마워!'라고 쓸 거야. 그런데 내가 모르는 글자는 어떡하지?"
"내가 도와줄 수 있어. 어떤 글자를 써 줄까?"

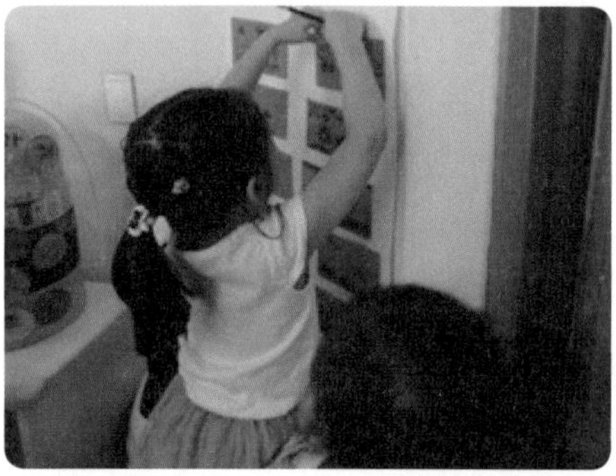

"내가 쓴 편지를 사랑의 주머니 안에 넣어 두면 친구가 볼 수 있어."
"편지를 쓰면 친구가 내 마음을 알 수 있을까?"
"나에게도 편지가 왔을까? 누가 나에게 편지를 썼는지 궁금해."

핵심역량

의사소통 역량
- 표현하기: 편지를 써서 친구에 대한 나의 마음을 표현한다.
- 의미 구성하기: 친구에 대한 나의 마음을 정확하고 효율적으로 전달할 수 있도록 의미를 구성한다.
- 이해하기: 친구가 전하는 편지의 내용을 이해한다.

공동체 역량
- 상호존중하기: 서로의 마음에 공감하고 상대방을 존중한다.

9) 용기 있게 도전하기

문화문해교육 교수 · 학습 방법

교류발전

『오즈의 마법사에서 등장하는 사자처럼 일상에서 용기 있는 행동을 찾아본다. 유아 자신이 용기를 내어 도전해 보기도 하고, 용기 있는 행동을 한 친구를 격려하기도 한다.

많은 친구 앞에서 이야기하는 것을 두려워했던 유아가 어느 날 수줍게 친구들 앞에 나서서 이야기하게 되자, 유아들은 용기 있는 행동이라고 격려한다. 이를 계기로 유아들은 오즈의 마법사에서 겁 많은 사자가 용기를 찾았던 것처럼 평소에는 쉽게 도전하지 못했던 일을 용기 있게 도전한 사례를 이야기한다. 유아들은 오즈의 마법사에 등장하는 겁 많은 사자가 친구들의 도움으로 용기를 찾은 것처럼 자신들도 친구들이 있어서 용기를 낼 수 있었다고 소개한다.

"나는 용기를 내서 친구들 앞에 나와서 말하고 있는 거야."

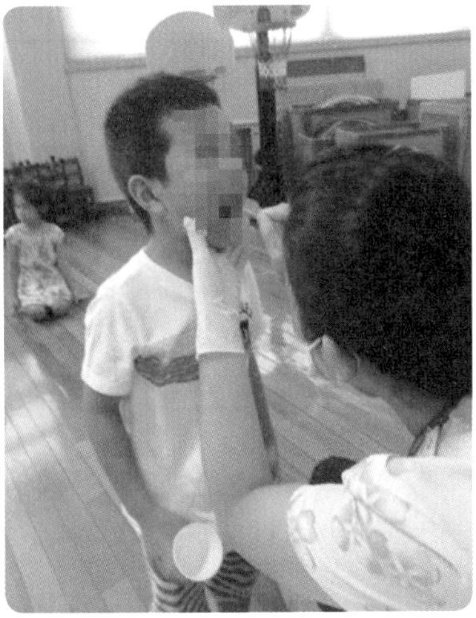

"나는 치과에 가서 이를 치료할 때 제일 무서워."
"울지 않고 용감하게 치과 치료를 받았어."
"나도 사자처럼 용기를 낸 거야."

"나는 유치원에 처음 왔던 날 용기가 필요했어. 그래서 그때 엄마 손을 꼭 잡고 왔거든."

"많은 사람 앞에서 동극을 할 때 많이 떨렸어. 동극을 잘하기 위해서는 용기를 내야 해. 힘들었지만 잘해서 너무 기뻤어."

핵심역량	심미적 감성 역량 - 삶의 질 추구하기: 용기 있는 행동을 실천한 친구들의 마음에 공감한다. 일상에서 용기를 내어 도전하고 실천한다. 자기관리 역량 - 자아정체성 갖기: 용기를 내어 실천하는 자신을 존중하며 긍정적인 자아개념을 갖는다. - 자기주도하기: 어려운 일에 용기를 내어 도전한다.

10) 나의 성장 이야기하기

(1) 도로시의 여정 되돌아보기

문화문해교육 교수 · 학습 방법

관찰탐구/상상표현

오즈의 마법사의 전개 과정을 그림으로 그리거나 도표로 정리해 보며 의미를 이해한다. 다시 일상으로 돌아온 도로시 일행의 변화를 살펴보고 역할놀이를 한다.

지금까지 오즈의 마법사의 전개 과정을 되돌아보고 도로시의 여정을 정리한다. 교실의 벽면이나 게시판 등에 게시된 그림이나 글, 사진 등을 살펴보면서 도로시의 여행 과정을 그림으로 그리거나 도표로 정리하여 변화 과정을 알아본다. 처음과 여행의 마무리에서 도로시 일행의 변화를 찾아보고, 변화된 도로시 일행의 일상을 상상하여 역할놀이를 한다.

"은구두를 신으면 다시 돌아갈 수 있어."
"드디어 집으로 돌아갈 수 있게 되었어."
"은구두를 늘 신고 다녔는데 그걸 몰랐네. 은구두를 탁탁탁 하면 집으로 갈 수 있었는데 말이야."
"처음에는 모두 겁내고 무서워했는데 이제 모두 소원을 이루었어."
"맞아. 허수아비는 지혜를 얻었고, 양철나무꾼은 사랑의 마음이 생겼어. 사자도 용감해졌으니 모두 소원을 이룬 거야."

핵심역량

지식정보처리 역량

- 문제 · 과제 인식하기: 도로시 일행의 여정을 정리해 보기로 한다.
- 해결책 탐색하기: 도로시 일행의 여정을 다시 돌아보면서 필요한 정보를 수집하고 분석한다.
- 해결 및 평가하기: 도로시 일행의 여정을 그림이나 도표로 그리고 변화 과정을 정리한다.

의사소통 역량

- 표현하기: 도로시의 여정을 언어, 그림, 도표 등으로 표현한다.
- 의미 구성하기: 도로시의 여정을 살펴보면서 효과적이고 효율적으로 의미를 구성한다.
- 이해하기: 도로시의 여정을 이해하고 비교 · 분석한다.

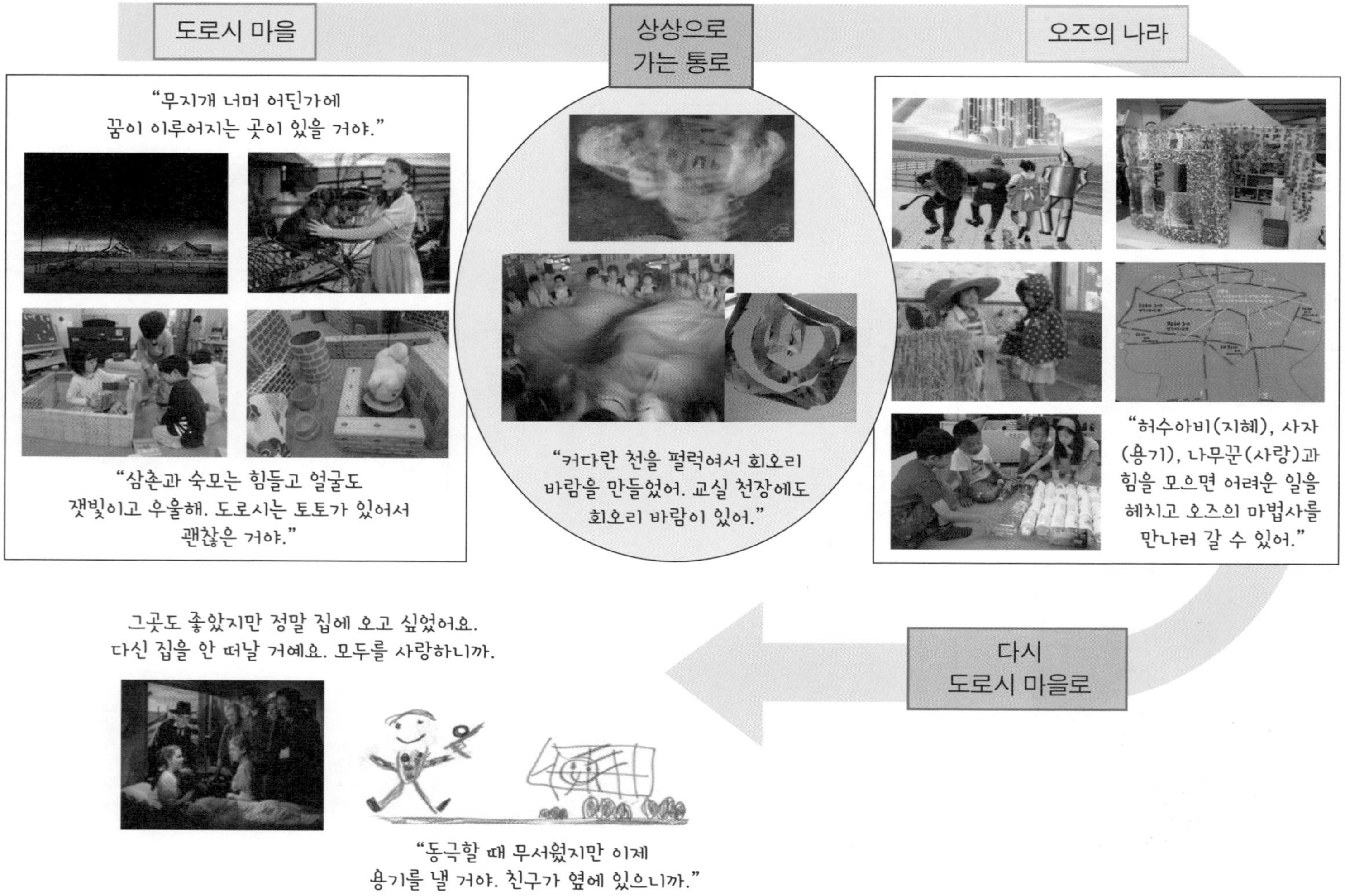

출처: 영화 〈오즈의 마법사〉(2012).

이와 같은 활동상황을 일일교육실행서로 제시하면 다음과 같다.

일일교육실행서

놀이주제	도로시의 여정 되돌아보기
날짜	년 월 일 요일
일과 시간표	* 유치원이나 어린이집의 하루 일과를 간단히 기록
놀이 이야기 (영유아행동 관찰)	도로시가 회오리바람을 타고 집을 떠난 후부터 다시 돌아오기까지의 여정 흐름에 따라 전시된 자신들의 놀이사진이나 작품사진을 살펴보면서 지나간 사건을 기억하고 이야기 나눈다. 교실 바닥에 만들어진 노란 길을 살펴보며 이야기를 기억하기도 한다. 철민이는 소연이와 함께 노란 길을 차례로 지나가며 도로시 일행이 겪었던 일을 이야기 나눈다.  "여기에서 칼리다를 만났고, 여기에서 오즈는 열기구를 타고 떠나 버렸어." "여기서 도로시는 겁쟁이 사자를 만나." "그런데 겁쟁이 사자는 정말 겁쟁이가 아니었어. 용기를 가지고 있었는데 몰랐던 것뿐이야." 교사가 도로시의 여정에 따라 유아들의 놀이를 연관 지을 수 있도록 유아들의 놀이나 작품사진을 노란 길 옆에 함께 놓아 보도록 제안하자, 유아들은 퍼즐을 맞추듯이 사진을 맞추어 놓아 본다. 그러면서 "이거 우리 사자놀이 할 때 사진이야. 재미있었지?" 하며 기억을 되살리고 즐거워한다. 노란 길을 찾아서 기억을 되살리는 동안 현민이는 오즈의 마법사 그림책을 가지고 와서 그림책에서 내용을 찾아가며 친구들에게 이야기를 다시 들려주기도 한다. 기억이 나지 않는 부분이 나올 때면 현민이에게 그림책을 빨리 찾아보라고 요구하기도 하면서 이야기를 기억해 낸다.
영유아 문화문해	• 유아들은 도로시가 허수아비, 사자, 양철나무꾼과 오즈의 마법사를 만났던 때를 기억하고 재미있었던 경험들을 이야기한다. • 오즈의 마법사의 흐름과 자신들의 놀이 경험을 연결한다.
문화문해 과정	• 지식정보처리 역량 - 문제 · 과제 인식하기: 도로시 일행의 여정을 정리해 보기로 한다. - 해결책 탐색하기: 도로시 일행의 여정을 다시 돌아보면서 필요한 정보를 수집하고 분석한다. • 교류발전 - 오즈의 마법사의 흐름을 정리하고 유아 자신의 모습을 되돌아보면서 오즈의 마법사가 전하는 상징적 의미를 되새겨 보고 있다. - 유아들은 자신의 놀이 흔적이 담겨 있는 노란 길을 통해 그간의 경험을 기억해 내고 일상과 통합하면서 자신의 모습을 살피고 있다.
추후 계획	• 관찰탐구 - 이야기의 흐름을 전체적으로 살펴보고 도표로 조직화하기

(2) 나의 성장 이야기하기

문화문해교육 교수 · 학습 방법

교류발전

'마음의 문'을 만들어서 점차 성숙해진 자신의 모습을 발견하고 보이지 않는 마음을 표현한다.

도로시가 캔자스시티를 떠날 때의 모습과 비교하여 유아의 이전 사진을 살펴보고 미숙하고 어렸던 자신의 모습을 되돌아보며 이야기 나눈다. 이전에 비해 한층 성장한 자신의 모습을 찾아내고 자랑스러움을 표현한다. 이전에는 하지 못했던 것을 해낼 수 있고, 친구들과 더욱 친해지고, 점차 성장해 가는 자신의 모습을 서로 이야기하면서 앞으로 더욱 성장해 나갈 것이라는 희망을 나타낸다. 눈으로 보이지 않는 자신의 마음을 들여다볼 수 있는 '마음의 문'을 만들고, 그 '마음의 문'을 통해 자신의 생각과 감정, 숨겨진 마음을 드러낸다.

"옛날에는 선생님의 도움이 필요했는데, 이제는 우리끼리 힐 수 있어."
"맞아. 이제 학교에 가서도 혼자 할 수 있어."
"허수아비처럼 지혜가 있고 사자처럼 용감해졌거든."
"흔들리지 않게 꼭 잡아 줘. 이제는 우리가 해야 하는 거니까. 그래도 친구들이 도와주면 더 잘 할 수 있어."

"마음의 문으로 들어오면 보이지 않는 나의 마음이 보여."
"나는 내 장난감을 뺏는 동생이 미웠는데, 이제는 동생과 장난감을 나눌 수 있어요. 내가 형이니까 양보해 줄 거예요."
"나는 지금처럼 용기를 가지고 도전해서 훌륭한 요리사가 되고 싶어요."
"초등학교에 가면 좀 겁나지만 잘할 수 있을 거야. 이제 많이 컸으니까."

핵심역량	자기관리 역량 - 자아정체성 갖기: 마음의 문을 통해 자신을 이해하고 존중한다. - 자기주도 갖기: 한층 성장한 자신의 모습을 발견하고 보다 나은 자신이 되기 위해 목표의식과 동기를 갖고 도전한다. - 자기조절하기: 일상에서 자신의 삶에 집중하고 몰입한다. 심미적 감성 역량 - 삶의 질 추구하기: 자신과 타인에 공감한다. 자신의 생활을 돌아보며 의미 있고 행복하게 살아간다.

협력과 성장: 함께 해결해요

자연스럽게 유아의 일상과 연결하는 방법은 무엇인가요?

신체활동으로 훌라후프 돌리기를 하였는데 처음에는 잘 돌리지 못하였던 세민이가 연습을 거듭하면서 실력이 점차 향상되었어요. 그 과정에서 세민이가 훌라후프를 잘 돌릴 수 있도록 격려하고 도와준 친구들이 있었는데 동화와 연결하여 서로 도와준 것에 대해 고마워하고 칭찬하는 기회가 되었어요.

별님유치원 4세반 문 교사

세민이가 잘하도록 도와준 친구뿐만 아니라 세민이의 땀과 노력도 인정해 주어야 합니다. 동화 속 인물들이 열심히 노력하여 좋은 결과를 이루었듯이 세민이가 열심히 노력하여 훌라후프를 잘 돌리게 된 것에 다 같이 기뻐하고 축하해 주는 과정도 놓치지 말아야 할 부분입니다. 일상생활 속에서 흘린 땀과 노력, 결과를 함께 나눌 수 있는 기회를 가져 보기 바랍니다.

저자

3. '오즈의 마법사' 프로그램 적용 후기

오즈의 마법사는 장편의 이야기이다. 유아용으로 편집된 그림책을 사용하였지만, 다른 그림책에 비해 이야기가 긴 편이어서 유아들이 짧은 시간에 내용을 모두 이해하기는 어려울 것으로 예상되었다. 그래서 유아들은 이야기를 나누어 여러 날에 걸쳐 이야기를 만났고, 덕분에 각 장면을 충분히 즐길 수 있었다. 각 장면을 역할놀이로 재현하면서 궁금한 것들을 탐구하였고, 노란 길을 탐색해 나가면서 환상의 나라를 만들어 나갔다. 그 과정에서 등장인물에 관심을 가지고 지혜와 사랑, 용기를 탐구하였고, 이를 일상에서 실천하며 자신의 성장을 직접 느껴 보았다. 유아들은 오즈의 마법사를 통해 자신의 모습을 되돌아보면서 한층 성장한 자신의 모습을 발견할 수 있었다. 또한 도로시 일행에게서 발견한 지혜와 용기, 사랑을 일상에서 실천하며 의미 있는 삶을 살아가고자 노력하게 되었다.

1) 나의 성장 발견하기

오즈의 마법사 이야기의 시작은 척박한 캔자스시티에 있는 도로시의 집이며, 이야기의 끝 역시 도로시의 집이다. 그러나 시작점에 있던 도로시와 끝점에 있던 도로시는 많은 것이 달라져 있었다. 그리고 그 변화는 회오리바람을 타고 날아간 환상의 나라에서 이루어진다. 환상의 나라에서 도로시는 스스로 부족하다고 느끼는 허수아비와 양철나무꾼, 사자를 만나 함께 여행을 하게 된다. 어려운 일들이 닥쳐오면 도로시 일행은 서로 힘을 합쳐 위기를 극복하며 각자의 꿈을 향해 나아간다. 오즈의 마법사의 등장인물들의 행동을 재현하면서 점차 그들의 삶에 공감하고 보다 나은 내가 되기 위한 꿈을 꾸며 계속 앞으로 나아간다. 오즈의 마법사에 숨겨져 있는 자연스러운 통과의례는 유아들의 일상에서도 드러난다. '오즈의 마법사' 프로그램을 시작할 무렵과 끝나는 시점에서 자신의 모습을 비교해 보면서 다시 집으로 돌아온 도로시처럼 더욱 성장해 있다는 것을 발견한다. 그리고 유아 자신의 내부에는 앞으로도 계속 성장할 수 있는 힘이 있다는 것을 알아낸다.

2) 지혜, 용기, 사랑 실천하기

오즈의 마법사에는 스스로 부족함을 느끼는 인물이 등장한다. 집으로 다시 돌아가고 싶은 꿈을 가진 도로시, 지혜가 부족하다고 느끼는 허수아비, 사랑을 느낄 수 있는 심장이 없다는 양철나무꾼, 그리고 용기가 부족한 사자이다. 그러나 환상의 나라를 여행하는 동안 도로시는 친구들을 이끄는 리더의 역할을 하고, 허수아비는 지혜로움을 발휘하고, 양철나무꾼은 사랑의 마음을 찾아낸다. 그리고 사자는 용기를 내어 친구들을 어려움에서 구한다. 유아들은 등장인물이 되어 그들의 행동과 말을 재현하면서 점차 생각과 마음을 읽어 낸다. 때로는 탐구를 통해 더 깊이 그들의 생각과 마음을 들여다보면서 공감한다. 어쩌면 유아들에게 오즈의 마법사는 도로시 일행이 경험한 환상의 나라였을지도 모른다.

'오즈의 마법사' 프로그램을 경험하면서 유아들은 차츰 등장인물과 자신의 모습을 동일시하고, 일상에서 지혜를 발휘하여 문제를 해결하고, 사랑의 마음으로 친구들에게 나누고 베풀며, 이전에는 하지 못했던 일들을 용기 있게 도전하면서 보이지 않는 내면의 힘을 발견한다. 오즈의 마법사를 마무리 지으며 자신의 모습을 되돌아보았을 때, 일상에서 지혜와 용기, 사랑을 실천하고 있는 자신과 친구들의 모습을 발견하고 성장의 기쁨을 만끽한다. 도로시 일행처럼 유아 자신도 꿈을 향해 나아갈 수 있는 힘, 즉 지혜와 사랑, 용기가 있다는 믿음을 가지고 초등학교라는 새롭고 낯선 세상으로 나아간다.

수업 후기

처음 『오즈의 마법사』 그림책을 보았을 때는 정말 막막했어요. 그림은 적었고 글이 많은 긴 이야기책이었기 때문에 어떻게 시작해야 할지 고민했던 기억이 납니다. 그래서 한꺼번에 모두 다 그림책을 읽어 주는 것보다 매일 조금씩 나누어서 이야기를 보여 주었지요. 이미 『오즈의 마법사』 이야기를 알고 있는 유아도 있어서 뒷이야기가 궁금하면 그 친구들에게 물어보기도 했어요. 그런 과정이 오히려 유아들끼리의 소통을 더 자극했던 것 같아요. 이전에는 그림책을 보고 역할놀이를 하면 유아들이 가장 관심을 갖는 것이 등장인물이었어요. 그런데 이렇게 그림책을 나누어 읽다 보니 장면마다 유아들의 호기심을 자극하는 것들이 새롭게 나타나는 것이 신기했습니다. 대표적인 것이 회오리바람과 노란 길이에요. 첫 장면에서 회오리바람에 호기심을 가져 탐구하였고, 자연스럽게 그림책의 장면마다 호기심을 가지는 대상들이 생겨난 것 같았습니다.

'오즈의 마법사' 프로그램을 진행하면서 가장 기억에 남는 것은 '뇌'를 탐구했던 경험입니다. 허수아비의 '지혜'를 알아보기 시작하면서 자연스럽게 유아들의 관심이 '뇌'에 집중되었어요. 평소에는 관심을 가지기 힘든 주제였기 때문에 유아들도 저도 모두 열심히 알아보고 몰입했던 것 같아요. 심지어 학부모님들까지 관심을 가지게 되어서 뇌 전문 박사님을 직접 소개해 주셨어요. 박사님께서 뇌에 대해 이야기해 주실 때는 어려운 내용이었는데도 유아들이 정말 열심히 들었습니다. 흔치 않은 경험이었어요.

오즈의 마법사는 어쩌면 성장 동화라는 생각이 듭니다. 환상의 나라에서 돌아온 도로시가 예전의 모습이 아니듯이 오즈의 마법사를 진행하는 동안 우리 반 유아들과 저도 함께 성장했다고 생각합니다. '오즈의 마법사' 프로그램을 경험하면서 유아들과 저는 어려움도 많이 느꼈고 좌절도 경험했습니다. 그럴 때마다 용기와 희망을 갖고 서로 도와서 이겨 나갔던 것 같습니다. 이전까지 크게 고민해 보지 않았던 교육에 대해 생각하게 되었고, 유아들이 원하는 것이 무엇인지 그리고 어떻게 해야 할지 많이 고민했던 것 같습니다. 그 고민과 갈등 덕분에 교사로서 한 걸음 더 나아갔다고 생각합니다. 새삼 그간의 제 교사 경력이 부끄럽게 느껴지더군요.

오즈의 마법사를 끝내면서 유아들도 저도 많이 아쉬워했습니다. 초등학교에 진학하는 우리 아이들이 오즈의 마법사 덕분에 지혜와 용기, 사랑을 한가득 안고 졸업할 수 있어서 너무 뿌듯합니다. 아마 우리 아이들은 초등학교에 가서도 오즈의 마법사와 함께했던 기억들을 오래 간직할 것 같습니다.

– 달빛유치원 5세반 박 교사 –

오즈의 마법사에서 제일 재미있었던 것은 노란 길 놀이였어요. 노란 길을 따라가면 에메랄드 성에 도착할 수 있으니까 노란 길을 만들었지요. 노란 길 노란 길 노란 길~~ 그때 노래도 부르면서 놀았어요. 노란 길이 없으면 양철나무꾼이랑 도로시랑 허수아비도 에메랄드 성에 갈 수 없었을 거예요. 노란 길은 꼭 있어야 했어요. 아주 중요한 길이니까요.

-별빛유치원 5세반 유아-

나는 양철나무꾼 이야기가 슬펐어요. 사랑하는 여자 친구와 헤어져서 사랑의 마음을 잃어버린 것 같았어요. 나도 사랑하는 우리 가족들과 헤어지게 되면 양철나무꾼처럼 내 마음속의 사랑을 잃어버리게 될 것 같아요. 그럼 너무 슬프잖아요. 그런데 다행히도 양철나무꾼의 마음속에는 사랑이 숨어 있었어요. 눈에 보이지 않았을 뿐이지요. 우리 마음속에도 사랑의 마음이 숨어 있는데, 잘 안 보여서 사랑이 있는지 잘 모르는 것 같아요. 눈에 보이지는 않지만 사랑이 있다는 것을 알면 사람들은 서로 싸우지 않을 거예요. 우리도 화가 나서 친구에게 소리 지르고 싸우고 싶어지면 우리 마음속에 사랑이 들어 있다는 것을 기억하면 돼요. 양철나무꾼처럼.

-햇님유치원 5세반 유아-

나도 도로시처럼 대장이 되고 싶어요. 도로시가 허수아비와 양철나무꾼, 사자를 데리고 용감하게 잘 싸우니까요. 도로시는 힘이 세지 않은데 나쁜 마녀들이랑 괴물들을 다 물리쳤어요. 꼭 힘이 세다고 이기는 건 아닌가 봐요. 힘이 세지는 않지만 도로시는 좋은 친구들이 있어요. 허수아비랑 양철나무꾼이랑 사자랑…… 나중에는 마법사 오즈랑 친구가 돼요. 대장이 되려면 좋은 친구들이 필요한 것 같아요. 그러면 위험할 때 친구들이 도와줄 수 있어요. 음~ 나는 한솔이랑 은수랑 동건이랑 친구니까, 나도 도로시처럼 대장이 될 수 있을까요?

-달빛유치원 5세반 유아-

어제 태풍이 불었어요. 바람이 많이 불어서 우리 집도 도로시 집처럼 태풍에 날아갈까 봐 무서웠어요. 그런데 갑자기 무섭지 않게 되었어요. 생각해 보니까 우리 집이 도로시 집처럼 멋진 나라로 날아가면 신날 것 같아요. 마녀도 만나고 허수아비도 만나고 이상하게 생긴 원숭이도 만날 수 있을 것 같은데…… 그런데 우리 집은 아파트라서 도로시 집처럼 작지 않아 통째로 날아갈 수는 없을 것 같은데 잘 모르겠어요. 태풍은 힘이 워낙 세니까요. 우와~ 태풍 불 때 엄마랑 이불 속에서 재미난 생각을 많이 했어요. 그러니까 사자처럼 용기가 생겼어요. 이제는 무섭지 않아요.

- 하늘유치원 5세 반 유아 -

◆ 참고문헌 ◆

김용철(2009). 우렁각시. 서울: 길벗어린이.

배철현(2015). 인간의 위대한 질문: 우리는 무엇을 믿어야 하는가. 경기: 21세기북스.

안진태(2005). 엘리아데 · 신화 · 종교. 서울: 고려대학교출판부.

이현주(2006). 의좋은 형제. 경기: 국민서관.

Baum, F. (2008). 오즈의 마법사. [*The wonderful wizard of Oz*]. (한상남 역). 경기: 어린이작가정신. (원저는 1990년에 출판).

Bawin, M. A., & Hellings, C. (2017). 산타 할아버지가 올까요? [*Le Noel de Tom*]. (이정주 역). 서울: 시공주니어. (원저는 2012년에 출판).

Grimm, J. L. C., & Grimm, W. C. (2005). 구둣방 할아버지와 난쟁이. [*The shoemaker and the Elves*]. (윤병욱 역). 서울: 기탄동화. (원저는 1812년에 출판).

Harari, Y. N. (2015). 사피엔스. [*Sapiens*]. (조현욱 역). 경기: 김영사. (원저는 2011년에 출판).

Jahren, H. (2017). 랩 걸: 나무, 과학 그리고 사랑. [*Lab girl: A story of trees, science and love*]. (김희정 역). 서울: 알마. (원저는 2016년에 출판).

Sendak, M. (1996). 깊은 밤 부엌에서. [*In the night kitchen*]. (강무홍 역). 서울: 시공주니어. (원저는 1994년에 출판).

Van Gennep, A. (2000). 통과 의례. [*Les rites de passage*]. (전경수 역). 서울: 을유문화사. (원저는 1960년에 출판).

〈인터넷 자료〉

중앙일보(2013). http://joongang.joins.com, '정겨운 옛 농촌 모습 그대로… 축소 재현한 대홍관아 볼만' 기사 검색, 2015년 9월 12일 인출.

〈영화 자료〉

월트 디즈니(1999). 환타지아 2000 DVD.

◆ 찾아보기 ◆

〈인명〉

〈내용〉

저자 소개

안소영(An, So-young)

숙명여자대학교 아동복지학과 학사, 교육대학원 유아교육전공 석사, 아동복지학과 박사
전 숙명여자대학교 아동연구센터 유아원, 서울대학교 생활과학대학 어린이집 교사,
  국립목포대학교 아동학과 조교수
현 인덕대학교 사회복지학과 조교수

〈주요 저서 및 논문〉
『프로젝트 중심 통합적 유아교육과정』(공저, 양서원, 2000)
『보육과정』(공저, 공동체, 2017)
「유아교육기관에서의 아동권리 경험에 대한 아동의 인식연구」(2013)

E-mail: ansy7@induk.ac.kr

최수경(Choi, Soo-kyung)

이화여자대학교 유아교육과 학사, 석사, 박사
전 올림픽유치원 교사, 문정어린이집 원장
현 수원과학대학교 아동보육과 조교수

〈주요 저서 및 논문〉
『영아 교사를 위한 부모상담 실제』(공저, 양서원, 2015)
『서울시 국공립어린이집 컨설팅: 소통과 협력을 위한 셀프컨설팅』(공저, 서울특별시, 서울육아종합지원센터, 2017)
「Process-oriented algorithm entrepreneurship curriculum design」(2016)

E-mail: csk@ssc.ac.kr

최윤정(Choi, Yun-jung)

이화여자대학교 유아교육과 학사, 석사, 박사

전 낙원유치원 교사

교육부 유아교육 5개년 발전계획수립 정책연구진(제1차), TF 위원(제2차)

현 강릉원주대학교 유아교육과 교수

〈주요 저서 및 논문〉

『유아를 위한 교수-학습방법론』(2판, 공저, 양서원, 2003)

『에듀드 감성교육: 어린이 문화 예술 교육』(공저, 꼬망세, 2018)

「OECD의 최적의 학습 준거에 근거한 3-5세 연령별 누리과정의 교수 · 학습방법 분석」(2014)

「스웨덴의 국가수준 유아학교 교육과정에 나타난 발달과 학습의 의미」(2014)

E-mail: water@gwnu.ac.kr

저자 공동 논문

놀이중심의 유아교육: 유치원에서 하루 종일 놀이에 몰입하도록 지원하기(2009)

'의좋은 형제' 그림책에 나타난 문화적 상징 읽기(2009)

만5세 유아의 그림책 읽기의 재미에 관한 문화기술적 연구(2016)

영아 몸짓의 의미(2016)

샛별유치원 부모참여수업의 의미 탐색(2017)

문화문해교육 시리즈 2

영유아 문화문해교육의 적용

-희망의 불꽃, 의좋은 형제, 오즈의 마법사-

Application of Cultural Literacy Education for Young Children
-The Flame of Hope, The Good Brothers, The Wizard of Oz-

2019년 3월 20일 1판 1쇄 인쇄
2019년 3월 30일 1판 1쇄 발행

지은이 • 안소영 · 최수경 · 최윤정
펴낸이 • 김진환
펴낸곳 • (주) 학지사
04031 서울특별시 마포구 양화로 15길 20 마인드월드빌딩
대표전화 • 02)330-5114 팩스 • 02)324-2345
등록번호 • 제313-2006-000265호

홈페이지 • http://www.hakjisa.co.kr
페이스북 • https://www.facebook.com/hakjisa

ISBN 978-89-997-1782-6 93370

정가 16,000원

이 도서의 국립중앙도서관 출판시도서목록(CIP)은 서지정보유통지원시스템 홈페이지(http://seoji.nl.go.kr)와 국가자료공동목록시스템(http://www.nl.go.kr/kolisnet)에서 이용하실 수 있습니다.
(CIP 제어번호: CIP2019007296)